JESUS
REBELDE

Dados Internacionais de Catalogação na Publicação (CIP)
(Câmara Brasileira do Livro, SP, Brasil)

Frei Betto
  Jesus rebelde : Mateus, o Evangelho da ruptura / Frei Betto. –
Petrópolis, RJ : Vozes, 2024.
  Bibliografia

  1ª reimpressão, 2024.

  ISBN 978-85-326-6664-2

  1. Comunidades cristãs 2. Cristianismo – Aspectos sociais
3. Evangelho 4. Jesus Cristo – Ensinamentos I. Título.

23-176867   CDD-226.206

Índices para catálogo sistemático:

1. Evangelho de Mateus : Interpretação e crítica 226.206

Eliane de Freitas Leite – Bibliotecária – CRB 8/8415

Frei Betto

JESUS REBELDE

MATEUS, O EVANGELHO DA RUPTURA

EDITORA VOZES

Petrópolis

© Frei Betto, 2024
www.freibetto.org
Agente literária: Maria Helena Guimarães Pereira
mhgpal@gmail.com

Direitos de publicação em língua portuguesa:
2024, Editora Vozes Ltda.
Rua Frei Luís, 100
25689-900 Petrópolis, RJ
www.vozes.com.br
Brasil

Todos os direitos reservados. Nenhuma parte desta obra poderá ser reproduzida ou transmitida por qualquer forma e/ou quaisquer meios (eletrônico ou mecânico, incluindo fotocópia e gravação) ou arquivada em qualquer sistema ou banco de dados sem permissão escrita da editora.

CONSELHO EDITORIAL

Diretor
Volney J. Berkenbrock

Editores
Aline dos Santos Carneiro
Edrian Josué Pasini
Marilac Loraine Oleniki
Welder Lancieri Marchini

Conselheiros
Elói Dionísio Piva
Francisco Morás
Gilberto Gonçalves Garcia
Ludovico Garmus
Teobaldo Heidemann

Secretário executivo
Leonardo A.R.T. dos Santos

PRODUÇÃO EDITORIAL

Aline L.R. de Barros
Marcelo Telles
Mirela de Oliveira
Otaviano M. Cunha
Rafael de Oliveira
Samuel Rezende
Vanessa Luz
Verônica M. Guedes

Conselho de projetos editoriais
Isabelle Theodora R.S. Martins
Luísa Ramos M. Lorenzi
Natália França
Priscilla A.F. Alves

Preparação dos originais: Maria Helena Guimarães Pereira
Editoração: Maria da Conceição B. de Sousa
Diagramação: Raquel Nascimento
Revisão gráfica: Nilton Braz da Rocha
Capa: Érico Lebedenco

ISBN 978-85-326-6664-2

Este livro foi composto e impresso pela Editora Vozes Ltda.

Para Ângela Duffles.

Sumário

Siglas, 9

Introdução, 11

    Capítulo 1, 17

    Capítulo 2, 24

    Capítulo 3, 32

    Capítulo 4, 36

    Capítulo 5, 43

    Capítulo 6, 52

    Capítulo 7, 57

    Capítulo 8, 61

    Capítulo 9, 69

    Capítulo 10, 76

    Capítulo 11, 86

    Capítulo 12, 91

    Capítulo 13, 98

    Capítulo 14, 106

    Capítulo 15, 113

    Capítulo 16, 117

    Capítulo 17, 122

    Capítulo 18, 126

    Capítulo 19, 131

    Capítulo 20, 137

Capítulo 21, 141

Capítulo 22, 148

Capítulo 23, 154

Capítulo 24, 160

Capítulo 25, 166

Capítulo 26, 172

Capítulo 27, 184

Capítulo 28, 193

Anexo – Quem é quem na genealogia de Jesus, 197

Referências, 205

Obras do autor, 209

Siglas

ABC – Iniciais das cidades Santo André, São Bernardo do Campo e São Caetano do Sul, em São Paulo, nas quais havia um grande parque industrial com predominância de metalúrgicos.
AT – Antigo Testamento
Cap. – Capítulo
Cf. – Confira, compare, confronte
CNBB – Conferência Nacional dos Bispos do Brasil
ONG – Organização Não Governamental
op. cit. – Obra citada
p. – página
pp. – páginas
ss – seguintes, versículos seguintes

Introdução

Todas as referências bíblicas nesta obra aparecem com a indicação do livro ou autor, seguida de capítulo e versículos. Exemplos: *2Reis* 23,31-33 – *Segundo livro dos Reis*, capítulo 23, versículos de 31 a 33. Ou *Mateus* 18,22 – *Evangelho de Mateus*, capítulo 18, versículo 22. Portanto, sugiro ler este livro acompanhado de um exemplar da Bíblia[1]. Isso facilitará o entendimento.

No original grego, os evangelhos não se encontram editados em capítulos e versículos, nem possuem intertítulos. Esse trabalho posterior de edição visa a facilitar a leitura e a citação dos relatos evangélicos.

Mateus foi um dos quatro autores dos evangelhos, ao lado de Marcos, Lucas e João. De cobrador de impostos ou fiscal de renda se tornou apóstolo de Jesus. A palavra grega apóstolo significa "enviado". No Novo Testamento, seu relato evangélico figura em primeiro lugar, embora o de Marcos o tenha precedido historicamente. Isso porque, na Igreja primitiva, o *Evangelho de Mateus* era o mais difundido e considerado anterior aos de Marcos, Lucas e João. Também foi o evangelho mais lido e comentado na Idade Média.

Não há comprovação de que tenha sido redigido pelo apóstolo Mateus. É provável que seja fruto da comunidade cristã primitiva discípula de Mateus. Logo, uma obra comunitária.

---

1. Sugiro as Bíblias editadas pela Paulus e encontradas também na internet. Para quem prefere uma versão mais brasileira, recomendo a Edição Pastoral. Para quem pretende aprofundar o estudo do texto bíblico, a *Bíblia de Jerusalém*.

O relato foi escrito em aramaico – o idioma que Jesus falava – entre os anos 80 e 90. Portanto, 50 anos após a ressurreição de Jesus, e 15 a 20 anos depois de Jerusalém ter sido invadida e arrasada pelas tropas do Império Romano comandadas por Vespasiano e seu filho, Tito, por ordem do imperador Nero[2]. Os judeus foram dispersados pela orla do Mediterrâneo. Teve início a diáspora.

O público-alvo de Mateus eram os judeus, a quem pretendia convencer de que o Messias esperado já tinha vindo – era Jesus de Nazaré, que rompeu com o legalismo judaico e, dentro do reino de César, anunciou o Reino de justiça querido por Deus.

Vale recordar que no ano 66 os judeus se revoltaram contra a ocupação romana da Palestina, que datava de 63 a.C. A insurreição durou sete anos, até a fortaleza de Massada cair em mãos dos romanos, em 73. O Templo de Jerusalém já havia sido posto abaixo no ano 70.

Entre 85 e 90, fariseus[3] e escribas[4], sobreviventes do massacre promovido pelos romanos, se reuniram na cidade

---

2. O tesouro do Templo de Jerusalém era o principal banco do Império Romano. Em 66 d.C., Roma decidiu requisitar o dinheiro ali depositado. As várias tendências judaicas se uniram contra os romanos, à exceção dos saduceus. Teve início a guerra judaica, descrita por Flávio Josefo, que durou até o ano 73. Os fariseus e seus escribas participaram do início do conflito e depois se omitiram e buscaram refúgio em outras regiões. Os judeus cristãos também não participaram. Vespasiano e Tito se tornaram imperadores. Durante seu reinado, Vespasiano mandou edificar o Coliseu romano. E há em Roma o Arco de Tito, do século I, localizado na Via-sacra, a sudeste do Fórum Romano, cujas esculturas retratam a destruição de Jerusalém.

3. Os fariseus, segmento religioso dentro do Judaísmo, surgiram no século II a.C., com o propósito de estrita observância da lei de Moisés, em especial no que diz respeito à pureza. A palavra "fariseu" significa "separado", para diferenciá-los do povo. Ao contrário dos saduceus, os fariseus tinham fé na ressurreição e na existência de anjos. O dia de um fariseu era assim dividido: oito horas para dormir; oito para rezar e estudar a lei mosaica; e oito para trabalhar. Eram benquistos pelo povo porque ajudavam a preservar a identidade judaica e faziam trabalhos sociais. "Calcula-se que no tempo de Jesus havia cerca de 6 mil fariseus e escribas" (Mosconi, 1990, p. 22).

4. Escribas eram os que dominavam a arte da escrita e redigiam os documentos. Muitos eram "doutores da Lei"; ou seja, teólogos do Judaísmo.

da Jamnia[5] e fizeram ali uma espécie de concílio do Judaísmo. Como já não havia Templo e não se podia mais oferecer holocaustos e sacrifícios, decidiram que a prática religiosa se basearia, dali para frente, na estrita observância da Lei mosaica e no culto celebrado nas sinagogas. Desde então fariseus e escribas são chamados "rabinos".

Naquele evento, resolveram também adotar o hebraico como idioma de culto religioso. E considerar sagrados apenas os livros do Primeiro Testamento comprovadamente escritos em hebraico no original. Rejeitaram, portanto, a tradução em grego dos livros sagrados conhecida como *Setenta*, supostamente feita por 70 sábios três séculos a.C. Foram excluídos da "Bíblia" dos judeus os livros *Eclesiástico*, *Sabedoria*, *Judite*, *Tobias*, *Baruc*, os capítulos 13 e 14 de *Daniel* e os dois livros dos *Macabeus*. Mais tarde, a tradição protestante adotou o mesmo critério do Judaísmo. Nas Bíblias das Igrejas protestantes ou evangélicas não figuram aqueles livros.

Os rabinos determinaram ainda que seria considerado verdadeiro judeu apenas quem seguisse rigorosamente suas orientações baseadas na Lei de Moisés. Todos os judeus-cristãos passaram a ser encarados como dissidentes ou hereges e ficaram proibidos de frequentar a sinagoga.

O *Evangelho de Mateus* retrata um Jesus rebelde, corajoso, destemido. Foi escrito para fortalecer os cristãos excluídos do Judaísmo. Manifesta uma crítica contundente aos fariseus e à elite religiosa da época, bem como à ocupação romana da Palestina. É bom lembrar que quando Mateus lançou seu relato sobre Jesus, o *Evangelho de Marcos* já tinha sido escrito há cerca de

---

5. Jamnia se localizava na costa sudoeste da Palestina, onde atualmente se encontra a cidade de Yavne. Depois que os romanos conquistaram e destruíram Jerusalém e o Templo, tornou-se importante centro de influência da comunidade judaica.

vinte anos[6]. Este nos diz *quem foi e o que fez Jesus*. O de Mateus, *o que nós cristãos devemos fazer*. Marcos fala de Jesus; Mateus faz Jesus falar. Mateus lidou com a crise de identidade das primeiras comunidades cristãs formadas por judeus convertidos a Jesus e, também, por galileus e gentios.

O texto do *Evangelho de Mateus* reflete uma comunidade no Norte da Galileia e da Síria – talvez situada em Antioquia, capital da província romana da Síria[7] –, na qual se mesclavam judeus convertidos ao Movimento do Nazareno; judeus apegados à lei de Moisés; judeus muito influenciados pela cultura grega[8] e nada apegados à Lei e ao Templo; e gentios ou não judeus.

Naquela comunidade havia conflito entre os judeus fariseus, fundamentalistas, muito apegados à Lei, e os judeus cristãos, convencidos de que Jesus era o novo Moisés e havia ultrapassado a Lei ao centrar sua pregação no Reino de justiça que Deus manifestara através da prática e das palavras de seu Filho. É óbvio, no relato de Mateus, que ele lidou com comunidades que, à luz de Jesus, reliam as Escrituras com outra ótica[9].

---

6. Mateus incluiu em seu evangelho 80% do *Evangelho de Marcos* – 600 versículos. Em comum com Lucas, 230 versículos, muitos provenientes da chamada fonte Q. E 330 encontrados apenas em seu evangelho vieram de tradições orais e acréscimos das primeiras comunidades cristãs.

7. Na época, a cidade tinha cerca de 200 mil habitantes, metade escravos. Era, talvez, a terceira maior cidade do Império Romano, depois de Roma e Alexandria. Foi lá que os "nazarenos", como eram chamados os discípulos de Jesus, passaram a ser conhecidos como "cristãos". Situada atualmente na Turquia, chama-se Antáquia.

8. Segundo o *Atos dos Apóstolos* (11,19-26), foragidos da perseguição em Jerusalém encontraram refúgio em Antioquia. A região Norte da Galileia esteve sob domínio da Grécia de Alexandre Magno entre os anos 333 e 301 a.C.

9. "[...] antes de o evangelho ter sido escrito, foi vivido nas comunidades, transmitido, adaptado; viveu na catequese, na pregação, na liturgia, nas lutas cotidianas. Esta história está subentendida em cada evangelho. E o evangelho segundo Mateus adquire suas particularidades em função da comunidade para a qual foi dirigido. Um longo mutirão na comunidade gerou o seu evangelho!" (Vasconcellos; Da Silva, 1999, p.73).

Não pense que o apóstolo Mateus, inspirado em Marcos, teve a ideia de também escrever sobre Jesus e, como eu ao preparar este livro, reservou tempo em sua agenda para fazê-lo. Os evangelhos não são propriamente obras dos autores que os assinam. Resultam de relatos transmitidos nas comunidades primitivas, "retalhos" colhidos aqui e ali e que, sincronizados, formaram perícopes "coladas" pelos autores.

Os evangelhos de Marcos, Mateus e Lucas são chamados de "sinóticos" porque se assemelham. Isso se deve a dois fatores: Lucas e Mateus já conheciam o *Evangelho de Marcos* quando elaboraram seus relatos. E Mateus e Lucas tiveram também como fonte o *Evangelho "Q"*, que reúne ensinamentos de Jesus (sentenças, discursos, parábolas), como as bem-aventuranças, e do qual não se encontrou até hoje nenhuma cópia. Esse "Q" deriva da palavra alemã *"Quelle"*, que significa "fonte"[10].

O tema central do *Evangelho de Mateus* é a justiça. Esta palavra aparece diversas vezes em Mateus (3,15; 5,6.10.20; 6,1.33; 21,32). E o adjetivo "justo" figura dezessete vezes.

---

10. "A amorosidade divina vivida, testemunhada por Jesus e ratificada pelo evento ressurreição provocou um tremendo choque espiritual nos apóstolos e nos seus seguidores até os dias de hoje. Começaram a raciocinar e procurar entender, à luz do Antigo Testamento, a saga de Jesus, o porquê de sua morte e principalmente o surpreendente evento da ressurreição. Iniciaram esse trabalho na celebração de sua presença de ressuscitado, nos pequenos hinos, nas liturgias, nos ritos e pela recordação de sua vida, de sua gesta libertadora, de sua mensagem central resumida na oração *Pai-nosso*. Em seguida, começaram a elaborar os núcleos doutrinários e centrais de sua mensagem, e assim surgiram os escritos, os quatro evangelhos. Por detrás deles estão comunidades que não só rezaram, mas também refletiram sobre o destino e a história de Jesus" (Boff, 2023, pp. 89-90). "De fato, ao escrever o seu [evangelho], Mateus tinha em mãos o de Marcos. É muito instrutivo para o leitor notar quando Mateus segue Marcos com exatidão, introduz mudanças sutis e omite por completo material daquela fonte mais primitiva. Mateus também teve acesso a outra fonte, ou tomou conhecimento dela, e parece partilhá-la com o autor do Evangelho de Lucas. É costume denominá-la fonte Q, inicial da palavra alemã *Quelle*, 'fonte'. O Sermão da Montanha, por exemplo, contém material de Q. Nunca se encontrou essa fonte ou documento, mas a análise cuidadosa de Mateus e Lucas revela uma fonte comum" (Overman, 1999, p. 14).

Mateus enfatiza que a justiça praticada pelos cristãos deve ser superior à dos fariseus (5,20). Quem assim proceder encontrará a felicidade[11].

Mateus contextualiza seu relato com parábolas que retratam a realidade na Palestina no tempo de Jesus: desemprego (20,1-15); trabalho árduo (13,1-9.24-33.47-50); dívidas (6,12; 18,23-35) etc. E acentua a solidariedade aos excluídos como preceito prioritário (10,42; 11,25; 18,6.10.14; 21,16; 25,40). Trata-se de um relato essencialmente político, impregnado de caráter religioso. Na Palestina do tempo de Jesus não havia essa distinção moderna entre religião e política. Quem detinha o poder religioso tinha em mãos também o poder político, e vice-versa. Jesus foi assassinado como um prisioneiro político.

Mateus exemplifica como Jesus se tornou dissidente do Judaísmo até chegar à ruptura. Isso não significa que, nós cristãos, devemos abominar a religião na qual Jesus foi educado. Pelo contrário, devemos respeitar todas as religiões[12], mas rejeitar – inclusive em certos segmentos cristãos – aquelas que pregam a negação dos direitos humanos ou do fundamentalismo que coloca a letra acima do espírito ou o legalismo acima da vida.

O que vamos ler, em seguida, é um contundente manifesto contrário ao imperialismo romano e ao fundamentalismo judaico, e centrado em uma nova proposta civilizatória: implantar, na Terra, o Reino dos Céus (que a vontade divina seja feita na Terra como é no Céu); ou seja, o mundo de justiça e paz querido por Deus.

---

11. "Felizes são os mansos, e não os zelotas, que têm como única estratégia a luta armada; felizes são os aflitos, e não os saduceus no seu sossego; felizes os misericordiosos, e não os fariseus na sua rigidez legalista; felizes os puros de coração, e não os essênios que se julgavam melhores que os outros; felizes os pacíficos, e não os romanos que viviam de fazer guerra; mil vezes mais felizes são os perseguidos por causa do nome de Jesus e não os herodianos, cuja profissão era perseguir os justos" (Budallés, M.; Brito, W. *Evangelho de Mateus*, p. 12 [Cebi-GO 133].

12. Calcula-se que existam, hoje, 4.200 religiões. O Cristianismo é abraçado por 34% da humanidade.

Capítulo 1

Árvore genealógica de Jesus Cristo, descendente de Davi e de Abraão[13].
Abraão foi pai de Isaac; e Isaac, de Jacó. Jacó, pai de Judá e seus irmãos. Judá e Tamar foram pais de Farés e Zara. Farés foi pai de Esron; e Esron, de Arão. Arão foi pai de Aminadab; e Aminadab, de Naasson. Naasson foi pai de Salmon; e Salmon e Raab, pais de Booz. Booz e Rute foram pais de Obed. Obed foi pai de Jessé, e Jessé, do rei Davi.
O rei Davi foi pai de Salomão, cuja mãe era a mulher de Urias. Salomão foi pai de Roboão; e Roboão, de Abias. Abias foi pai de Asa; e Asa, de Josafá. Josafá foi pai de Jorão; e Jorão, de Ozias. Ozias foi pai de Joatão; e Joatão, de Acaz. Acaz foi pai de Ezequias; e Ezequias, de Manassés. Manassés foi pai de Amon; e Amon, de Josias. No cativeiro da Babilônia, Josias foi pai de Jeconias e de seus irmãos.
Depois da deportação para a Babilônia[14], Jeconias foi pai de Salatiel; e Salatiel, de Zorobabel. Zorobabel foi pai de Abiud; e Abiud, de Eliaquim. Eliaquim

---

13. "As genealogias em biografias antigas fazem muito mais do que repassar informação histórico-biológica. Ao associar o herói com antepassados renomados, a genealogia realça seu prestígio ou mostra que a pessoa fez justiça à sua herança ou a fez mais nobre. Uma genealogia define a relação do personagem com o passado e mostra algo importante a respeito do presente" (Carter, 2002, p. 83). "No mundo antigo, sobretudo, tinha muita importância a linhagem de alguém, ou a lista de pessoas a quem ele estava ligado" (Overman, 1999, p. 39).

14. Babilônia era a capital da antiga Mesopotâmia, atual Iraque. Em 597 a.C. o rei da Babilônia, Nabucodonosor II, apoderou-se de Jerusalém e pela segunda vez deportou a população hebraica para o seu país. Os hebreus retornaram da Babilônia em 536 a.c., 70 anos depois da primeira deportação, em 605.

foi pai de Azor; e Azor; de Sadoc. Sadoc foi pai de Aquim; e Aquim, de Eliud. Eliud foi pai de Eleazar; e Eleazar, de Matan. Matan foi pai de Jacó.
Jacó foi pai de José, esposo de Maria, da qual nasceu Jesus, chamado Cristo.
Portanto, são catorze gerações desde Abraão até Davi. Desde Davi até o exílio na Babilônia, também catorze gerações. E depois do exílio na Babilônia até Cristo, catorze gerações.
Eis como nasceu Jesus Cristo: Maria, sua mãe, estava noiva de José. Antes de habitarem sob o mesmo teto, ela engravidou por obra do Espírito Santo. José, seu noivo, homem de bem, não queria difamá-la e, por isso, decidiu abandoná-la secretamente[15]. Enquanto se preparava, eis que um anjo do Senhor lhe apareceu em sonhos e disse: "José, filho de Davi, não tema receber Maria por esposa; o que nela foi concebido vem do Espírito Santo. Ela dará à luz um filho a quem você porá o nome de Jesus, porque salvará o seu povo de seus pecados".
Tudo isso aconteceu para que se cumprisse o que o Senhor falou pelo profeta: "Eis que uma jovem conceberá e dará à luz um filho, que se chamará Emanuel[16], que significa: 'Deus conosco'".

Mateus é o único evangelista que realça a figura de José como fonte de revelação. Nos dois primeiros capítulos de seu relato, José tem quatro sonhos (1,20; 2,13.19.22). "Os sonhos eram um meio comum empregado pelos deuses para falarem com as pessoas na Antiguidade"[17].

---

15. "O matrimônio judaico se celebrava em duas etapas: o contrato e a coabitação. Entre uma e outra transcorria um intervalo de tempo, que podia durar um ano. O contrato podia-se fazer desde que a moça tinha doze anos; o intervalo dava tempo à maturação física da esposa. Maria já estava unida a José por contrato, mas eles ainda não coabitavam. A fidelidade que a esposa devia a seu marido era a fidelidade própria de pessoas casadas, de forma que se considerava adultério a infidelidade" (Mateos; Camacho, 1993, p. 22).

16. *Isaías* 7,14.

17. Overman, 1999, p. 48.

Mateus abre seu evangelho com destaque para a genealogia de Jesus. Em nossos documentos de identidade aparecem os nomes de nossos pais. Mateus faz o mesmo, só que cita dezenas de nomes, entre os quais cinco mulheres[18]. Quis ressaltar que Jesus tinha origem hebraica ("descendente de Abraão") e selo messiânico ("descendente de Davi"), já que a tradição bíblica sinaliza que o Messias seria alguém da descendência de Davi. É o que previu o profeta Isaías: "Virá um descendente do rei Davi, filho de Jessé, que será como um ramo que brota de um toco, como um broto que surge das raízes. O Espírito do Senhor estará sobre Ele e lhe dará sabedoria e conhecimento, capacidade e poder"[19].

Abraão foi o primeiro hebreu. É o patriarca de judeus, cristãos e muçulmanos, por quem seriam abençoados todos os povos (*Gênesis* 12,3).

Mateus qualifica Jesus como Cristo, a versão grega do termo hebraico "messias", e significa "ungido" ou "consagrado". Jesus foi ungido pelo Espírito Santo para libertar os oprimidos[20].

Essa associação do nome à estirpe de uma pessoa, família ou classe social é muito frequente em nossa cultura ocidental. Outrora, no Brasil, ao se casar as mulheres adicionavam ao nome o sobrenome do marido. Trata-se de um resquício do patriarcalismo vigente em nossa sociedade. A partir de 1977, a adoção do sobrenome do marido pela mulher no Brasil passou a ser opcional. A Constituição de 1988 igualou os dois em direitos e deveres. E o Código Civil de 2002 permite ao homem adotar o sobrenome da mulher.

---

18. "Na época, o Judaísmo de Israel era patrilinear. A noção de ser a identidade da mãe que determina se alguém é judeu (matrilinear) surgiu mais tarde no Judaísmo, razão pela qual a menção das mulheres na genealogia atrai tanta atenção" (Overman, 1999, p. 48).

19. *Isaías* 11,1-11. "Sua ascendência (de Jesus) começa com a de idólatra convertido (Abraão) e passa por todas as classes sociais: patriarcas opulentos, escravos no Egito, pastor chegado a rei (Davi), carpinteiro (José)" (Mateos; Camacho, 1993, p. 20).

20. *Lucas* 4,18; *Atos dos Apóstolos* 10,38.

Os gregos estudam a fundo a *Ilíada* e a *Odisseia* para realçar sua identidade como povo, a relação com os deuses e o destino, assim como os romanos encontram na história de Rômulo e Remo o mito de sua origem, bem como na *Eneida* de Virgílio.

Ao vincular Jesus à tradição genealógica e à trajetória histórica do povo hebreu, o evangelista faz questão de chamar a atenção de que "são catorze as gerações, desde Abraão até Davi. Desde Davi até o exílio na Babilônia, também catorze gerações. E depois do exílio na Babilônia até Cristo, catorze gerações".

Na tradição hebraica, os números têm valor simbólico. O 7, considerado algarismo perfeito, equivalia ao nosso ∞ (8 deitado), símbolo de infinito. Nossa misericórdia deve ser infinita como a de Deus, frisou Jesus ao afirmar que devemos perdoar "não apenas sete, mas até setenta vezes sete" (*Mateus* 18,22). E catorze são sete multiplicado por dois[21].

Há quem identifique essas sequências de 14 como um criptograma, linguagem cifrada, já que as consoantes hebraicas do nome "David", consideradas de acordo com o seu valor numérico, somam 14: DWD = 4 + 6 + 4 = 14.

Mateus não tinha interesse em nos fornecer uma pesquisa sobre a ascendência de Jesus. Quis ressaltar que Jesus é a máxima expressão da tradição hebraica e o esperado Messias por tantas gerações. Como judeu, Mateus estava interessado em convencer – ou converter – judeus e gentios de que o Messias tão esperado havia nascido.

A Bíblia contém diversas genealogias, como a do capítulo 5 do *Gênesis*, com a lista dos descendentes de Adão. Os evangelhos de Marcos e João não se referem à ascendência de Jesus. As duas genealogias conhecidas abrem as narrativas de Mateus e Lucas.

---

21. "Segundo a mentalidade judaica, (Mateus) gosta de usar números por eles venerados, como o sete: 7 pedidos no Pai-nosso, 7 parábolas (*Mateus* 13,1-50), 7 "ais" (*Mateus* 23,12ss), 7 demônios, 7 pães e 7 cestos (*Mateus* 15,37) e perdoar 70 vezes 7 (*Mateus* 8,22)" (Odoríssio, 1998, p. 8).

E não coincidem. São discrepantes. Alguns estudiosos da Bíblia argumentam que Mateus preferiu ressaltar a genealogia paterna de Jesus, enquanto Lucas optou pela materna[22].

Confesso que, ao ler as genealogias de Mateus e Lucas, não dava importância, e até costumava pulá-las. Como escritor, considero os dois evangelistas, Mateus e Lucas, péssimos editores. Não se pode iniciar um livro com um capítulo que pode dar sono. O primeiro parágrafo de uma reportagem ou capítulo de um livro deve servir de isca para atrair o leitor. Não é o caso dessas genealogias enfadonhas. Um velho pastor escocês, ao abrir o *Evangelho de Mateus* na pregação de domingo, iniciou a leitura: "Abraão gerou Isaac, e Isaac gerou Jacó. Jacó gerou Judá..." Deu uma olhada no texto, viu a longa lista e decidiu abreviar: "E eles continuaram gerando um ao outro página abaixo, até a metade da página seguinte".

Para saber detalhes da maioria dos personagens citados na genealogia de Jesus basta ler o Anexo – *Quem é quem na genealogia de Jesus*.

Assim termina a genealogia descrita por Mateus: "Jacó foi pai de José[23], esposo de Maria, da qual nasceu Jesus, chamado Cristo".

Mateus ousou quebrar o paradigma machista e citar, na genealogia, o nome de cinco mulheres na "carteira de identidade" de Jesus: Tamar, Raab, Betsabé, Rute e Maria. As quatro primeiras agiram como prostitutas ou adúlteras. Na Antiguidade, mulheres não costumavam figurar nas genealogias; seria "manchar" o nome de alguém. Nenhuma mulher é citada na genealogia do *Evangelho de Lucas*.

---

22. Lucas não figura entre os apóstolos de Jesus e não há nenhum indício de que conheceu Jesus pessoalmente. Segundo a tradição, muito do que coletou sobre Jesus foi graças à sua amizade com Maria, que sobreviveu à morte cruel do filho.

23. Sobre José, recomendo Boff, 2005.

Maria, comparada a elas, pode ser considerada uma santa?

> Eis como nasceu Jesus Cristo: Maria estava noiva de José. Antes de habitarem sob o mesmo teto, ela ficou grávida por obra do Espírito Santo. José, seu noivo, homem de bem, não queria difamá-la e, por isso, decidiu abandoná-la secretamente.
> Enquanto se preparava, eis que um anjo do Senhor lhe apareceu em sonhos e disse: "José, filho de Davi, não tema receber Maria por esposa. O que nela foi concebido vem do Espírito Santo. Ela dará à luz um filho, a quem você porá o nome de Jesus[24], porque salvará o seu povo de seus pecados".
> Tudo isso aconteceu para que se cumprisse o que o Senhor falou pelo profeta: "Eis que uma virgem conceberá e dará à luz um filho, que se chamará Emanuel[25], que significa: 'Deus conosco'".
> Ao despertar, José fez como o anjo do Senhor lhe havia dito e acolheu Maria em sua casa como sua esposa. E sem que ele tivesse tido relação sexual com ela, Maria deu à luz o filho que recebeu o nome de Jesus.

No texto bíblico acima está a resposta da pergunta que fiz: Maria, comparada a elas (mulheres que figuram na genealogia de Jesus), pode ser tida como santa? Maria também ficou sob suspeita de ser adúltera. E a lei mosaica condenava as mulheres que aparecessem grávidas antes do casamento[26].

Como ainda não tivera relações sexuais com José, segundo as versões de Mateus e Lucas, a gravidez inesperada de Maria levou o noivo a desconfiar de adultério. Diante disso, só lhe restava duas opções: denunciá-la, e ela, sem direito à defesa por ser mu-

---

24. O nome Jesus significa "Deus salva".
25. *Isaías* 7,14.
26. *Deuteronômio* 22,13-21.

lher, seria apedrejada, ou ignorar a lei de Moisés e abandoná-la em segredo[27]. José optou pela segunda alternativa, o que significa o risco de ser considerado traído pela mulher aos olhos daqueles que conheciam o casal e Jesus, um bastardo.

Sim, essa é uma linguagem dura para almas moralistas, mas devemos admitir a realidade. O que comprova que Deus ingressou em nossa história pela porta dos fundos, solidário com todos aqueles e aquelas que são rejeitados pelos preconceitos que alimentam a desconfiança alheia.

A Igreja Católica assume literalmente o versículo de Isaías – "uma virgem conceberá" – ao se referir à mulher que nunca teve relações sexuais. Para algumas Igrejas protestantes, a palavra hebraica *bethulah* pode designar apenas moça, pessoa jovem, seja ela virgem ou não. O fato é que Marcos e Mateus afirmam que Jesus tinha irmãos e irmãs e citam seus nomes[28].

O filho de Maria e José recebeu dois nomes: Jesus, que significa "Javé salva", não somos nós que nos salvamos, Deus é quem nos salva; e Emanuel, "Deus conosco", Deus não está "lá em cima", está aqui no meio de nós, basta ter olhos para ver.

---

27. *Deuteronômio*, 22,19.24.

28. *Marcos* 6,3; *Mateus* 13,55-56.

Capítulo 2

Jesus nasceu em Belém de Judá, no tempo do rei Herodes. Magos, vindos do Oriente a Jerusalém, indagaram: "Onde está o rei dos judeus que acaba de nascer? Vimos a sua estrela no Oriente e viemos adorá-lo".

Mateus, como os outros três evangelistas, não teve o propósito de fazer registro histórico da vida de Jesus, exceto ao alinhavar a genealogia. Sua intenção era anunciar que Jesus, afinal, era o Messias tão esperado pelos judeus. E como o profeta prenunciou que o Messias nasceria em Belém[29], terra de Davi, Mateus situa ali o nascimento de Jesus. Faz um "arranjo" por razões política (Jesus é o novo rei de Israel, descendente de Davi) e religiosa (Jesus é o Cristo, o Messias).

No entanto, hoje há consenso de que Jesus nasceu em Nazaré, pequena aldeia da Galileia, jamais citada no Primeiro Testamento. Daí ser chamado de "nazareno"[30] e no *Evangelho de João*, "Jesus de Nazaré"[31].

Além de nascer na Galileia, ali Jesus escolheu os seus discípulos. O poder judaico centrado em Jerusalém marginalizava os galileus por viverem misturados com gentios – ou seja, não judeus – e distantes do Templo, o que os impedia de cumprir à risca os ritos da Lei de Pureza.

---

29. *Miqueias* 5,1.
30. *Mateus* 2,23.
31. *João* 1,45.

Se Jesus nasceu "no tempo do rei Herodes", então se conclui que nasceu 4 ou 5 anos a.C. Isso mesmo. Porque o rei Herodes, que governou a Palestina desde 37 a.C., morreu no ano 4 a.C.[32] O calendário da era cristã foi elaborado no século VI pelo monge Dionísio Pequeno, que o calculou com uma margem errada de anos. Assim, ao ser assassinado, Jesus tinha 38 ou 39 anos de idade, e não 33.

Os magos vindos do Oriente atraídos pela estrela eram, provavelmente, astrólogos ou videntes oriundos da Pérsia, atual Irã[33]. Mateus quer enfatizar que, enquanto os próprios judeus não reconhecem Jesus como o Messias esperado, gente de outros povos e crenças o fizeram. A estrela que os magos teriam visto e pela qual foram conduzidos é citada pelo evangelista para confirmar a previsão do livro dos *Números* (24,17): "Uma estrela se levanta de Jacó e um cetro se ergue em Israel". Além disso, "muitas histórias associam estrelas e fenômenos celestes com o nascimento de figuras significativas: mestres e taumaturgos como Apolônio de Tiana (um raio)[34] e imperadores como Augusto, Tibério e Nero"[35].

No Império Romano havia uma instituição política conhecida como embaixada: a visita de uma pessoa ou comitiva a uma autoridade para manifestar demandas. Durante o reinado de Nero, cerca de 65 d.C., os filhos de três governantes partos, no atual Irã, acompanhados de um rei da Armênia, fizeram uma visita ao imperador para solicitar a reconstrução da cidade de Artaxata, na Armênia, destruída em 58 d.C. Nero deu-lhes recursos e, reergui-

---

32. Herodes reconstruiu o Templo de Jerusalém, cuja obra teria findado em 63/64 a.C. e, no ano 40 a.C., foi nomeado por Roma rei da Judeia.

33. Cf. Hahn; Mitch, 2014, p. 32. • Heródoto. *História* 1.101,132. • Filóstrato. *Carta de Apolônio*, 17.

34. Filóstrato. *Apolônio* 1.5.

35. Carter, 2002, p. 111. • Suetônio. *Augusto* 94.2. "No início do século II, Tácito gracejou: 'um cometa significa mudança de imperadores' (*Anais* 14,22)" (Overman, 1999, p. 51).

da, a cidade passou a ser chamada Nerônia. Plínio, escritor do fim do século I e início do II, chama esses personagens de "magos"[36].

Não há dúvida de que este relato sobre os magos no nascimento de Jesus é uma peça de ficção de caráter religioso, mas também político, porque ousa chamar Jesus de "rei dos judeus" e, assim, desbanca os filhos de Herodes que o sucederam à frente das províncias palestinas e o imperador romano que dominava a região. E um rei que merece ser adorado é divino.

> Ao ouvir esta notícia, o rei Herodes ficou alarmado, assim como toda a cidade de Jerusalém. Herodes convocou sumos sacerdotes[37] e doutores da Lei e indagou onde o Messias deveria nascer. Disseram-lhe: "Em Belém, na Judeia, porque assim foi escrito pelo profeta: 'E você, Belém, terra de Judá, não é de modo algum a menor entre as cidades de Judá, porque daí sairá o líder que governará Israel, meu povo'"[38].

Mateus sinaliza a aliança entre o rei nomeado pelo imperador romano para governar a Palestina, Herodes, e os governantes do povo judeu, os sumos sacerdotes e os doutores da Lei. Na época, religião e política se mesclavam.

> Herodes, então, chamou secretamente os magos e perguntou-lhes sobre a época exata em que o astro lhes tinha aparecido. E, ao enviá-los a Belém, disse: "Vão até lá e procurem obter informações exatas sobre o menino. Quando encontrá-lo, me avisem para que eu também vá adorá-lo".

---

36. *História natural*, 30,6,16-17.

37. Chamados chefes dos sacerdotes. A cada ano havia um chefe dos sacerdotes do Templo, também conhecido como sumo sacerdote. Mesmo após perder a função continuavam a ser tratados pelo título. Em geral eram saduceus.

38. *Miqueias* 5,1-2; *2Samuel* 5,2.

> Depois de ouvirem a recomendação do rei, eles partiram. E eis que a estrela, que tinham visto no Oriente, ia adiante deles até chegar sobre o lugar onde estava o menino. Ali a estrela parou. Os magos ficaram repletos de alegria.

Aqui fica evidente o caráter astrológico dos magos. Durante muitos séculos astronomia e astrologia andaram de mãos dadas. Mateus ressalta as intenções cavilosas e cínicas do rei Herodes.

> Ao entrar no local, acharam o menino com Maria, sua mãe. Ajoelharam-se diante dele e o adoraram. Depois abriram seus cofres e ofereceram-lhe, como presentes, ouro, incenso e mirra.

Os reis magos simbolizam a catolicidade ou universalidade de Jesus, acolhido por representantes de outros povos. Presenteiam o menino com ouro, incenso e mirra. Mateus, ao escrever este relato, tinha em mente a profecia de Isaías de que viriam povos de outras nações, e trariam "riquezas" e "tesouros"[39].

Mateus não explica o significado dos presentes. Foi Orígenes, teólogo que viveu entre o Egito e a Palestina nos séculos II e III, que, em sua obra *Contra Celso,* sugere: "Ouro para um rei; incenso para Deus; e mirra para um mortal". O ouro simbolizava realeza; o incenso, adoração a Deus; e a mirra, um cosmético ou óleo utilizado para ungir as pessoas, sobretudo defuntos. Mateus quer frisar que Jesus é o Messias que veio ocupar o trono de Davi; é Deus; e era mortal.

> Avisados em sonhos a não retornarem a Herodes, voltaram para sua terra por outro caminho. Depois da partida dos magos, um anjo do Senhor apareceu em sonhos a José e disse: "Levanta-te, toma o menino e sua mãe e foge para o Egito; fica lá até que eu avise, porque Herodes vai procurar o menino para matá-lo".

---

39. *Isaías* 30,6.

> José se levantou de madrugada, tomou o menino e sua mãe e fugiu para o Egito. Ali permaneceu até a morte de Herodes, para que se cumprisse o que o Senhor havia dito pelo profeta: "Do Egito chamei o meu filho"[40].

A Bíblia contém inúmeras passagens em que Deus fala às pessoas em sonhos[41]. José foi avisado em sonhos a respeito da gravidez de Maria. Mais tarde, aconselhado em sonhos, fugiu para o Egito. Os magos receberam em sonhos o aviso para não retornarem a Herodes. Em muitas culturas os sonhos significam manifestação do Transcendente, como entre os indígenas Waimiri-Atroari da Amazônia brasileira[42].

O Novo Testamento é como um espelho que reflete o Primeiro Testamento. Assim como os hebreus da época de Moisés se refugiaram em Canaã para se libertarem da escravidão a que eram submetidos pelo faraó no Egito, José, Maria e Jesus fizeram o percurso inverso, lá se exilaram para escapar da sanha repressiva de Herodes, "faraó" da Palestina.

> Ao se dar conta de que tinha sido enganado pelos magos, Herodes ficou furioso e ordenou o massacre, em Belém e arredores, de todos os meninos de dois anos para baixo, conforme o tempo exato que havia indagado dos magos. Cumpriu-se, assim, o que dissera o profeta Jeremias: "Em Ramá se ouviu um grito, choro e grandes lamentos: é Raquel que chora inconsolável por seus filhos que já não existem mais"[43].

---

40. *Oseias* 11,1.

41. Anjos e sonhos são vias comuns de revelação divina na tradição judaica. Em Mateus aparece quatro vezes (1,20; 2,12; 2,13; 19,22). Plutarco define os sonhos como "nossa mais antiga e respeitada forma de adivinhação" (*A ceia dos sete sábios – Moralia*, 159a).

42. Cf. meu romance *Tom vermelho do verde*. Rio de Janeiro: Rocco, 2022.

43. *Jeremias* 31,15.

Não há nenhum documento que comprove a historicidade do massacre dos inocentes em Belém. É evidente que Mateus quer fazer um paralelo com o massacre dos bebês hebreus, decretado pelo faraó do Egito, por temer o crescimento numérico daquele povo mantido como escravo[44]. Faz também paralelo entre a vida de Moisés, cuja infância foi ameaçada de morte pelo faraó[45], e a de Jesus, considerado o novo Moisés que libertará Israel. E tanto Moisés quanto Jesus foram salvos da sentença de morte por uma pessoa da família[46]. Ambos buscaram proteção no Egito por um período; ambos voltaram ao seu local de origem após a fuga e o exílio; ambos jejuaram 40 dias e 40 noites no deserto; ambos foram enviados por Deus para anunciar o projeto divino para a história humana.

Mateus quer ainda ressaltar a crueldade do rei Herodes, assassino contumaz que, inclusive, mandou matar uma de suas esposas e três de seus filhos[47]. Como se vê, o Novo Testamento reflete, como um espelho retrovisor, o Primeiro. Um crítico literário inflexível diria que os evangelhos são plágios do Primeiro Testamento. E por que Mateus adotou esse estilo? Porque escreveu para comunidades cristãs com muitas pessoas oriundas do Judaísmo. Quis convencê-las de que as previsões feitas no Primeiro Testamento tinham como foco Jesus.

Toda essa leitura retroativa da atividade militante de Jesus, comum aos quatro evangelistas, deu ensejo à equivocada teologia de que tudo na vida do Nazareno estava detalhadamente previsto no Primeiro Testamento, sobretudo pelos profetas, como se Deus fosse um dramaturgo cujo roteiro teatral foi desem-

---

44. *Êxodo* 1,15-17.
45. *Êxodo* 1,15-16.
46. *Êxodo* 2,1-10.
47. Hahn; Mitch, 2014, p. 33.

penhado por Jesus. Tal equívoco chegou ao ponto de se supor que o Pai nos enviou o Filho para vê-lo ser preso, torturado, condenado e assassinado na cruz e, assim, expiar os pecados do mundo... Isso não condiz com a imagem amorosa de Deus que os evangelhos retratam. Se Javé não admitiu que Abraão sacrificasse Jacó (*Gênesis* 22,1-11), por que Ele próprio haveria de sacrificar seu filho?

> Com a morte de Herodes, o anjo do Senhor apareceu em sonhos a José, no Egito, e disse: "Levanta, toma o menino e sua mãe, e retorna a Israel, porque morreram os que atentavam contra a vida da criança".
> José se levantou, tomou o menino e sua mãe e voltou para Israel.

José, de novo, recebeu aviso "em sonhos". Parece que Mateus quer sublinhar que é preciso sonhar para se alcançar um futuro melhor. Como repetia Dom Helder Camara, "sonho que se sonha só é só um sonho. Mas sonho que se sonha junto torna-se realidade". José, Maria e Jesus retornaram do Egito – assim como o povo hebreu, liderado por Moisés, voltou a Canaã, como descreve o livro do *Êxodo*.

> Ao ter notícias, porém, de que Arquelau, filho de Herodes, reinava na Judeia, José, Maria e Jesus não ousaram ir para lá. Avisados divinamente em sonhos, retiraram-se para a província da Galileia e foram habitar na cidade de Nazaré, para que se cumprisse o que foi dito pelos profetas: "Será chamado Nazareno".

Mateus contextualiza politicamente a militância de Jesus. É um equívoco afirmar que a Bíblia nada tem a ver com política. É também um documento político. Morto o rei Herodes, seu reino palestino foi repartido entre seus filhos, e a Arquelau coube a Judeia, a Idumeia e a Samaria.

Devido à sua crueldade despótica exerceu o poder por somente nove anos e obrigou José a modificar a sua rota. Derrubado pelo imperador romano, Arquelau se exilou em Viena, na Gália.

Tudo é ficção no relato do nascimento e exílio de Jesus com seus pais, exceto situá-los em Nazaré. De fato, Jesus nasceu e cresceu ali. A conclusão do evangelista de que "veio habitar na cidade de Nazaré, para que se cumprisse o que foi dito pelos profetas: 'Será chamado Nazareno'", carece de fundamento bíblico. Nenhum profeta disse isso. Mas Mateus se vale não propriamente de liberdade poética, e sim de liberdade teológica..."[48]

Aliás, Nazaré nunca aparece no Primeiro Testamento. É possível que Mateus tenha feito essa referência para dar credibilidade ao perfil que ele traça de Jesus: filho de uma mulher suspeita de trair o noivo; descendente de prostitutas (como Tamar e Raab) e adúltera (Betsabé)[49]; solidário aos sem-terra e sem-teto (o suposto nascimento em Belém ocorrido em um curral); perseguido pelos poderosos (massacre dos inocentes); refugiado (exílio no Egito) e desprezado por suas origens marcadas pelo preconceito (Natanael perguntou: "De *Nazaré* pode sair *algo de bom*?"[50]).

Em Jesus, Deus entra na história humana pela porta dos fundos.

---

48. "Alguns [estudiosos da Bíblia] sugeriram que 'nazareno' indica que Jesus é um nazireu. Este termo se refere a uma tradição de pessoa consagrada para servir a Deus, que faz voto de não cortar os cabelos ou beber vinho (*Números* 6; Sansão: *Juízes* 13,5-7)" (Carter, 2002, p. 127).

49. Na Antiguidade não era comum citar mulheres nas genealogias. E Mateus cita quatro: Tamar, Raab, Rute e a mulher de Urias. Nenhuma delas era hebreia. Tamar e Raab eram cananeias; Rute, moabita; e Betsabé, hitita. O que comprova o respeito de Deus pela diversidade religiosa.

50. *João* 1,46.

Capítulo 3

Naqueles dias, João Batista pregava no deserto da Judeia.

A Judeia é uma região desértica. Supõe-se que João Batista, primo de Jesus[51], passou um período no mosteiro de Qumran, dos monges essênios, próximo ao Mar Morto. Conheci as ruínas do mosteiro em 1997[52].

Ao largar a vida monástica, João tornou-se pregador ambulante às margens do rio Jordão, que nasce ao Norte do lago da Galileia e desemboca no Mar Morto. Ao contrário de Jesus – discípulo de João e batizado por ele –, a espiritualidade e a pregação de João eram marcadas pelo caráter penitencial e apocalíptico. As de Jesus primavam pelo caráter solidário, de opção pelos pobres e amor ao próximo.

Dizia João: "Façam penitência porque está próximo o Reino dos Céus"[53]. Este é aquele de quem falou o profeta Isaías ao anunciar: "Uma voz clama no deserto: Preparem o caminho do Senhor, endireitem suas veredas"[54]. João usava vestes de pelo de camelo e um cinto de couro em volta da cintura. Alimentava-se de gafanhotos e mel silvestre[55].

---

51. *Lucas* 1,36.

52. Naquele ano, percorri Israel/Palestina para visitar os lugares nos quais Jesus esteve, a fim de escrever a versão romanceada dos evangelhos: *Um homem chamado Jesus*. Rocco, 2009.

53. Enquanto os outros três evangelistas empregam a expressão "Reino de Deus", Mateus adota preferencialmente "Reino do Céu". Como homem ou comunidade de formação judaica, evita proferir o nome de Deus e prefere uma analogia, embora também tenha escrito "Reino de Deus" (19,24).

54. *Isaías* 40,3. João aplicou a Jesus a profecia do profeta Isaías.

55. Gafanhotos, uma iguaria da época, eram vendidos nos mercados.

> Gente de Jerusalém, de toda a Judeia e de toda a circunvizinhança do Jordão vinha a ele. Muitos confessavam seus pecados e eram batizados por ele nas águas do Jordão[56].

Mateus descreve um perfil ascético de João, ao contrário de Jesus, que chegou a ser taxado de "comilão e beberrão"[57]. E comprova que João – filho de Zacarias, sacerdote do Templo de Jerusalém – havia se tornado dissidente do Judaísmo, a ponto de ouvir confissões e perdoar pecados em nome de Deus, uma atribuição reservada aos sacerdotes do Templo.

As roupas de João nos remetem às do profeta Elias, "vestido com roupa de pelos e um cinto de couro"[58]. Aliás, João era considerado profeta por muitos judeus, até mesmo por Jesus[59].

> Ao ver, porém, que muitos fariseus e saduceus vinham ao seu batismo, disse-lhes João: "Raça de víboras, quem os ensinou a fugir da cólera vindoura? Produzam frutos de verdadeira penitência. Não digam: 'Temos a Abraão por pai!' Pois eu afirmo: Deus tem poder para suscitar filhos de Abraão das pedras. O machado já está colocado à raiz das árvores: toda árvore que não produzir bons frutos será cortada e lançada ao fogo".

João não tinha travas na língua. Denunciou as autoridades religiosas – fariseus[60] e saduceus[61] – que foram até o Jordão para

---

56. "Os chamados ao arrependimento e à absolvição dos pecados seriam considerados chamados para alguma mudança social demonstrável. Palavras como "perdão" e arrependimento", tão estabelecidas na tradição cristã e repetidas com tanta frequência, são, na verdade, chamados perturbadores à expressiva transformação comunitária e civil" (Overman, 1999, p. 236).

57. *Mateus* 11,19; *Lucas* 7,34.

58. *2Reis* 1,8.

59. *Mateus* 21,26; 11,9.

60. Tendência político-religiosa formada por leigos (artesãos, comerciantes, lavradores etc.) apegados à lei mosaica e às tradições orais, e que seguiam os ditames de seus doutores ou teólogos – os escribas. Alguns escribas integravam o Sinédrio.

61. Tendência político-religiosa, rival dos fariseus, formada por sacerdotes e anciãos, em geral comerciantes e latifundiários. Eram membros do Sinédrio e apoiavam a ocupação romana da Palestina, ao contrário dos fariseus.

fiscalizá-lo. O Judaísmo, como hoje o Cristianismo e o Islamismo, estava dividido em tendências religiosas. Os saduceus não acreditavam em vida após a morte e da Torá aceitavam apenas a lei supostamente escrita por Moisés. No entanto, tinham mais força política do que os fariseus, pois representavam a aristocracia sacerdotal de Jerusalém.

Já os fariseus eram mais populares, acreditavam na ressurreição dos mortos e aceitavam todo o Primeiro Testamento.

"O machado já está posto à raiz das árvores: toda árvore que não produzir bons frutos será cortada e lançada ao fogo." O machado é o julgamento divino, que João considerava iminente. A raiz das árvores é Abraão. Mas João considerava que nem sempre elas produziam bons frutos, como era o caso de fariseus e saduceus. Portanto, o machado – a palavra de Deus – iria cortá-la e descartá-la. Jesus seria a nova raiz de uma nova árvore.

> "Eu batizo com água, em sinal de penitência, mas aquele que virá depois de mim é mais poderoso do que eu. Não sou digno nem de tirar suas sandálias[62]. Ele batizará no Espírito Santo e em fogo. Traz nas mãos a pá, e limpará sua eira e recolherá o trigo ao celeiro. As palhas, porém, serão queimadas num fogo inextinguível".
> Jesus veio da Galileia ao Jordão se encontrar com João, a fim de ser batizado por ele. João se recusou: "Eu devo ser batizado por você e você vem a mim?" Jesus retrucou: "Por enquanto deixa como está, pois devemos cumprir toda a justiça"[63]. Então, João concordou.

---

62. "A imagem de tirar as sandálias inspira-se em antigo costume matrimonial: quando um homem morria sem filhos, o parente mais próximo devia casar-se com a viúva para dar descendência ao defunto (*Deuteronômio* 25,5). [...] O gesto simbólico [...] fazia-se tirando-lhe uma ou duas sandálias" (Mateos; Camacho, 1993, p. 37).

63. "Cumprir toda justiça" é uma expressão recorrente nos evangelhos e significa "tornar realidade o que está previsto nas Escrituras".

Água é fator de purificação. Já o fogo é, na Bíblia, símbolo de Deus e de seu poder purificador[64]. João, como muitos padres e pastores hoje em dia, acentuava a condenação. Jesus, como veremos, a libertação. Com humildade, Jesus se submeteu ao batismo de João e se tornou discípulo de seu primo.

> Após ser batizado, Jesus saiu imediatamente da água. Eis que os céus se abriram e Jesus viu descer sobre Ele, em forma de pomba[65], o Espírito Santo. E do céu veio uma voz: "Eis meu Filho muito amado em quem ponho minha afeição".

Mateus faz uma descrição plástica da Santíssima Trindade: O Pai/Mãe se manifesta, o Filho é batizado, o Espírito Santo vem em forma de ave. O mais notável, entretanto, é a declaração de amor que Pai/Mãe fez a seu Filho "muito amado, em quem ponho minha afeição"[66]. Deus é amor e por amor se fez presente entre nós.

Como os evangelhos foram escritos de olho "no retrovisor" – ou seja, nos textos do Primeiro Testamento –, nessa declaração de amor do Pai/Mãe pelo Filho temos nitidamente uma alusão ao profeta Isaías (42,1), muito citado por Mateus: "Eis o meu servo a quem apoio, o meu eleito, ao qual dedico o meu afeto"[67].

---

64. *Deuteronômio* 4,24; *Eclesiástico* 2,5; *Atos dos Apóstolos* 2,3-4.

65. "Algumas tradições rabínicas comparam o *movimento* do Espírito de Deus na Criação a uma pomba" (Gorgulho; Anderson, 1981, p. 37).

66. Sobre o batismo de Jesus cf. Boff, 2023.

67. Mateus faz mais de 50 citações do Primeiro Testamento. É o evangelista que mais o cita. Quis enfatizar que Jesus integra o povo judeu. "Característica de Mateus é a conexão que estabelece entre os acontecimentos da vida de Jesus e o AT considerado profecia" (Mateos; Camacho, 1993, p. 9).

Capítulo 4

Em seguida, Jesus foi conduzido pelo Espírito ao deserto para ser tentado pelo diabo[68]. Jejuou quarenta dias e quarenta noites. Depois, teve fome. O tentador aproximou-se dele e disse: "Se é o Filho de Deus, ordena que essas pedras se tornem pães". Jesus respondeu: "Está escrito: 'Nem só de pão vive o homem, mas de toda palavra que sai da boca de Deus'"[69].

As comunidades cristãs primitivas, para as quais Mateus escreveu, viviam sob tensão. De um lado, a perseguição dos romanos. Os cristãos se recusavam a reconhecer a divindade de César e adoravam, como divino, um prisioneiro político condenado por Roma a padecer na cruz. De outro, o legalismo dos fariseus, a ponto de expulsarem os cristãos das sinagogas.

Mateus sabia que frente às perseguições somos tentados a fraquejar. Daí seu interesse em fortalecer os cristãos na fé. O contrário do medo não é a coragem, é a fé.

---

68. Diabo é uma palavra grega que significa, também em hebraico, "adversário". A tentação de Jesus no deserto tem paralelo com a tentação do povo hebreu no êxodo, ao atravessar o deserto para chegar a Canaã vindo do Egito (*Deuteronômio* 8,2; 13,4). Mateus quer enfatizar que em Jesus culmina a trajetória do povo de Israel. "O diabo", a figura que sob diversos nomes aparece no evangelho ("Diabo, Satanás, o Maligno") é sempre o símbolo do poder opressor" (Mateos; Camacho, 1993, p. 281). Segundo o *Levítico* (16,8-10), o deserto é a morada do demônio Azazel.

69. *Deuteronômio* 8,3.

Há no relato das tentações sofridas por Jesus outro paralelo com o Primeiro Testamento[70]. Assim como os hebreus, ao sair do Egito, passaram 40 anos no deserto, Jesus passou quarenta dias e quarenta noites. A Igreja instituiu, no ano litúrgico, o período de Quaresma, os 40 dias anteriores à Páscoa, quando os cristãos são aconselhados a se abster de alguns alimentos ou mesmo jejuar.

Jesus "teve fome". Sim, em tudo Jesus era igual a nós: teve fome, medo, tentações, raiva, desânimo etc. A única exceção é que não teve pecado, porque amava assim como só Deus ama.

A primeira tentação foi transformar pedras em pães. O deserto da Judeia é pedregoso, ao contrário do Saara, quase todo de areia. Ali Jesus, em seu retiro espiritual, se deparou consigo mesmo, como nos acontece quando abraçamos a solidão. Nossos "demônios" se manifestam. Sobretudo somos tentados quando nos encontramos em dificuldades. Ansiamos pelo milagre, pelo jeitinho, por recursos vantajosos ao nosso ego. E Jesus se viu diante da tentação de tirar proveito pessoal dos dons que lhe foram dados para melhor servir aos outros.

Caem na tentação de "transformar pedras em pães" pessoas que abusam de sua função de poder para enriquecer; de seu prestígio para levar vantagem; de sua condição social privilegiada para explorar ou humilhar os que se encontram em situação inferior.

Caímos em tentação sobretudo quando Deus se cala em nossas vidas. Então ouvimos a voz do maligno, que se manifesta em forma de oportunismos e desamor.

"Não só de pão vive o homem, mas de toda palavra que sai da boca de Deus." Jesus rejeitou ser picado pela mosca azul[71].

---

70. O jejum de Jesus evoca os de Moisés (*Êxodo* 34,28; *Deuteronômio* 9,9) e de Elias (*1Reis* 19,8), para sublinhar que ele não era inferior às grandes figuras da história bíblica.

71. Cf. meu *A mosca azul – Reflexão sobre o poder*. Rio de Janeiro: Rocco, 2006.

Não são os bens materiais que saciam a alma humana. São os bens espirituais, o sentido altruísta que se imprime à existência, a causa solidária que se abraça, os ideais libertadores que se perseguem.

As tentações sofridas por Jesus são as mesmas que, ainda hoje, nos provocam: a econômica (pedras em pães); a religiosa (endeusar-se) e a política (exercer o domínio).

> O diabo transportou-o à Cidade Santa, colocou-o no ponto mais alto do Templo e disse-lhe: "Se é o Filho de Deus, atire-se lá embaixo, pois está escrito: 'Ele deu a seus anjos ordens a seu respeito; eles o protegerão com as mãos, com cuidado, para não machucar o pé em alguma pedra'"[72]. Disse-lhe Jesus: "Também está escrito: 'Não tentem o Senhor seu Deus'"[73].

A segunda tentação foi desafiar o poder de Deus e exigir Dele que realize prodígios. Caímos nela quando, frente a uma situação adversa, imploramos que Deus a erradique. Caso isso não ocorra, ficamos chateados a ponto de a nossa fé vacilar. Pois queríamos que Deus fizesse a nossa vontade, e não nós, a Dele.

Esta é a tentação de ocupar o lugar de Deus, ter o poder de "dar ordens aos anjos", querer que as pessoas nos olhem pela ótica superlativa.

Temos que ter humildade, palavra que vem de *húmus*, terra. Ser humilde é manter os pés na realidade, sem ilusões ou ambições desmedidas.

> O diabo transportou-o, mais uma vez, a um monte muito alto, e mostrou-lhe todos os reinos do mundo e a sua glória, e disse-lhe: "Eu lhe darei tudo isso se, ao prostrar-se diante de mim, me adorar".

---

72. *Salmo* 91,11s.

73. *Deuteronômio* 6,16.

Jesus reagiu: "Para trás, Satanás[74], pois está escrito: 'Adore o Senhor, seu Deus, e só a Ele sirva'"[75]. Em seguida, o diabo o deixou, e os anjos se aproximaram para servi-lo.

"...e lhe mostrou todos os reinos do mundo", reflete uma crítica explícita ao Império Romano, reino satânico. "Descreve a natureza diabólica do *status quo* imperial que se opõe aos propósitos de Deus, é opressora e está comprometida com o interesse egoísta da elite. A cena descreve a resistência de Jesus a esta estrutura. Se Jesus cede às tentações de Satanás, torna-se um agente de Satanás e, como tal, seria um aliado de Roma!"[76]

Eis a tentação de poder, riqueza, vanglória, atiçada pelo nosso narcisismo ou vaidade. Caímos quando traímos o projeto divino para a nossa história, contido na expressão "Reino de Deus"[77], e aderimos aos fascínios dos "reinos do mundo" – o neoliberalismo, o consumismo, o imperialismo, o patriarcalismo, o racismo etc.[78]

Ao ter notícias de que João fora preso, Jesus se retirou para a Galileia. Deixou a cidade de Nazaré e foi morar em Cafarnaum, à margem do lago, nos confins de Zabulon e Neftali, para que se cumprisse o que predisse o profeta Isaías: "A terra de Zabulon e de Neftali[79], região vizinha ao mar, a terra além

---

74. Satanás é uma palavra hebraica que significa "adversário", "acusador" (*Jó* 1,6; *Salmo* 109,6).

75. *Deuteronômio* 6,13.

76. Warren, C. *Op. cit.*, p. 148.

77. Cf. meu *Jesus militante – Evangelho e projeto político do Reino de Deus*. Petrópolis: Vozes, 2022.

78. Sobre as tentações de Jesus cf. Boff, 2023, pp. 65-73.

79. Zabulon e Neftali eram duas das doze tribos de Israel. O que foi o território de Zabulon, na Galileia, ainda hoje faz divisa com o Sul do Líbano e com a Síria; o território de Neftali, do outro lado do Jordão, se estendia dentro do Líbano e da Síria atuais. Essas regiões, no tempo de Jesus, meio pagãs e contagiadas pela idolatria dos povos vizinhos, constituíam a "Galileia dos gentios".

do Jordão, a Galileia dos gentios, este povo, que jazia nas trevas, viu resplandecer uma grande luz; e surgiu a aurora para os que se encontravam na região sombria da morte"[80]. A partir de então, Jesus começou a pregar: "Façam penitência, pois o Reino dos Céus está próximo".

João foi preso por denunciar a corrupção de Herodes Antipas, governador da Galileia[81]. Jesus, batizado por seu primo, sabia estar também sob ameaça. Então, se refugiou em Cafarnaum, capital judaica da Galileia, vizinha à cidade de Tiberíades[82], à beira do lago também conhecido como mar da Galileia, lago de Tiberíades ou lago de Genesaré.

Ali mergulhei em 1997. Senti-me rebatizado...

A bandeira missionária que João havia erguido, tirada das mãos dele por Herodes Antipas, Jesus a agarrou e levantou-a. É sintomático que Jesus tenha iniciado sua militância exatamente quando a de João foi interrompida pela repressão.

"A luta continua!"

Como discípulo de João, Jesus iniciou sua pregação também por uma mensagem penitencial preparatória à proximidade do Reino – o novo projeto civilizatório querido por Deus, baseado em dois pilares: nas relações pessoais, o amor; nas relações sociais, a partilha dos bens da Terra e dos frutos do trabalho humano. Portanto, Jesus era portador de um novo projeto de sociedade.

---

80. *Isaías* 9,1.

81. *Marcos* 6,14-29. A Galileia foi habitada por várias tribos de Israel. Tanto que seus habitantes eram chamados "israelitas", enquanto os da Judeia, "judeus".

82. Tiberíades, edificada em homenagem ao imperador Tibério César, entre 18 e 20 d.C., era a residência do governador Herodes Antipas. Os judeus a consideravam "impura" por ter sido construída sobre antigo cemitério e, por isso, não ingressavam nela. Cafarnaum deveria ter cerca de mil habitantes.

> Ao caminhar às margens do lago da Galileia, Jesus avistou duas pessoas: Simão (chamado Pedro) e André, seu irmão, que lançavam a rede ao lago, pois eram pescadores. Disse a eles: "Venham a mim e farei de vocês pescadores de homens". Na mesma hora, abandonaram suas redes e o seguiram.
> Mais adiante, viu outros dois irmãos: Tiago e João, que consertavam redes em companhia do pai, Zebedeu. Chamou-os; eles abandonaram a barca e o pai, e o seguiram.

Os quatro primeiros apóstolos de Jesus eram duas duplas de irmãos. Todos pescadores. O peixe predominante no lago da Galileia é a tilápia, da qual existem cerca de 100 espécies. A tilápia vermelha, também conhecida como "peixe de São Pedro" ou "Saint Peter", é a que mais se encontra ali:

> Jesus percorria toda a Galileia, ensinava nas sinagogas, pregava a Boa-nova do Reino, curava doenças e enfermidades do povo. Sua fama se espalhou pela Síria[83]. Traziam-lhe doentes atingidos por diversos males: possessos, epilépticos, paralíticos[84]. E ele curava todos.
> Era acompanhado por numerosas multidões da Galileia, da Decápolis[85], de Jerusalém, da Judeia e dos países do outro lado do Jordão.

A militância de Jesus consistia em melhorar a vida do povo, em especial na educação ("ensinava em suas sinagogas"), saúde ("curava todas as doenças") e alimentação (partilha dos pães e

---

83. A Galileia faz fronteira com a Síria. Entre Israel e Síria estão as colinas de Golã, disputadas atualmente pelos dois países.

84. No tempo de Jesus, as enfermidades não eram conhecidas como hoje. Pessoas com transtornos mentais muitas vezes eram tidas como "endemoniadas" ou possuídas pelo demônio...

85. Como sugere a palavra, Decápolis significa "dez cidades". Eram cidades tradicionalmente habitadas por não judeus, como gregos. A Grécia dominou a Palestina de 322 a 198 a.C.

dos peixes – *Mateus* 14,13-21). O conteúdo de sua pregação, como assinala Mateus, era "o Evangelho do Reino"; ou seja, a proposta de uma nova sociedade que não resultaria da ação messiânica dele, e sim do protagonismo popular. Para tanto, formou um grupo de vanguarda – os apóstolos – e fez um intenso trabalho de conscientização, organização e mobilização popular – o Movimento do Nazareno, como o Cristianismo era conhecido em seus primórdios.

Capítulo 5

Ao se deparar com a multidão, Jesus subiu a montanha. Sentou-se e os discípulos o cercaram. Então, começou a ensinar-lhes: "Felizes os que têm coração de pobre, porque deles é o Reino dos Céus! Felizes os que choram, porque serão consolados! Felizes os mansos, porque possuirão a Terra! Felizes os que têm fome e sede de justiça, porque serão saciados! Felizes os misericordiosos, porque alcançarão misericórdia! Felizes os puros de coração, porque verão a Deus! Felizes os pacíficos, porque serão chamados filhos de Deus! Felizes os que são perseguidos por causa da justiça, porque deles é o Reino dos Céus! Felizes vocês serão quando forem caluniados, perseguidos e falsamente disserem mal contra vocês por minha causa. Fiquem alegres e exultem, porque será grande a recompensa nos céus, pois assim foram perseguidos os profetas que vieram antes de vocês"[86].

A montanha, na literatura bíblica, é o elo entre o céu e a Terra. Nos evangelhos, aparece com frequência[87]. E a expressão "Jesus subiu a montanha" é um paralelo com Moisés que, ao apresentar o Decálogo (os dez mandamentos), também subiu o Monte Sinai (*Êxodo* 19,10-11). Jesus é o novo Moisés que anuncia, não regras que não devemos violar, e sim atitudes que devemos assumir para alcançar a felicidade. Enquanto Moisés ouviu a voz

---

86. Sobre as bem-aventuranças, cf. meu *Oito vias para ser feliz*. São Paulo: Planeta, 2014.

87. *Mateus* 15,29; 17,1; 28,16.

de Javé, aqui foi o próprio Jesus que falou, o que confirma sua autoridade divina.

Bem-aventurança significa felicidade. Toda pessoa feliz é bem-aventurada. Portanto, prefiro traduzir bem-aventurança por felicidade.

Nas bem-aventuranças Jesus expressou o que ele *era e fazia*: tinha espírito de pobre, de quem pouco possui e a nada se apega; vivia inquieto (aflito); não respondia às agressões com violência (mansidão); nutria fome e sede de justiça; agia com misericórdia; trazia o coração puro de más intenções; promovia a paz; foi perseguido por causa da justiça.

Lembre-se que Mateus escreveu tudo isso atento ao que acontecia nas primeiras comunidades cristãs da Galileia e da Síria, entre os anos 80 e 90. Quis frisar as atitudes que o verdadeiro discípulo de Jesus deveria ter ao se deparar com comunidades onde havia desigualdade social, e os mais abastados se recusavam a ser solidários com os pobres. Diante das perseguições movidas por romanos e judeus legalistas, muitos cristãos viviam em aflição constante; alguns queriam reagir à base da violência, com armas, e daí a exortação à mansidão, à não violência. Era preciso ter fome e sede de justiça, partilhar os bens, engajar-se no projeto do Reino; e sentir na carne e no espírito as dificuldades do próximo, ter misericórdia, perdoar dívidas; preservar a pureza de coração, atuar com ética; promover a paz pelo perdão e a reconciliação; e ter ciência de que ser perseguido por causa da justiça e do projeto do Reino é uma bênção, e não uma desgraça que traria infelicidade.

O *Sermão da montanha* é a carta de princípios do cristão. Mas não é preciso ter fé para viver esses conselhos. Conheço comunistas ateus e agnósticos que agem segundo essas atitudes ressaltadas por Jesus. O que demonstra que ele não veio nos trazer novos valores. Veio iluminar, com luz divina, os valores humanos mais fundamentais.

Se no Primeiro Testamento Moisés nos transmitiu Dez Mandamentos ou Decálogo[88], no Novo Testamento temos as bem-aventuranças.

Não são propriamente mandamentos, nem obrigações que Jesus prescreveu aos discípulos. São promessas, selos de garantia e qualidade para quem abraça o seguimento de Jesus e o projeto do Reino ou, mesmo sem ter fé, age como ele. É como se Ele dissesse: "Se agirem desse modo, vocês serão felizes. Serão felizes se não tiverem espírito ganancioso; se não provocarem discórdias; se lutarem pelo que é justo" etc.

Ao contrário dos Dez Mandamentos, que enfatizam *o que não se deve fazer*, o tom das bem-aventuranças é positivo. Jesus não sublinhou o que não devemos fazer, e sim *o que convém fazer*. O prêmio para quem age assim é o que todos buscamos com mais ânsia na vida: a felicidade[89].

As bem-aventuranças enfatizam que a vida tem sentido e deve ser vivida com alegria. São propostas para todos: o manso, o solidário, o perseguido etc. São diferentes atitudes para a mesma pessoa.

> Vocês são o sal da Terra. Se o sal perde o sabor, como voltar a ter sabor? Para nada mais serve senão ser jogado fora e pisado pelas pessoas.
> Vocês são a luz do mundo. Não se pode esconder uma cidade situada sobre uma montanha, nem se acende uma luz para colocá-la embaixo da vasilha, mas sim sobre o candeeiro, a fim de que brilhe para todos que estão em casa. Assim, brilhe a luz de vocês diante de todos, para que vejam suas boas obras e glorifiquem seu Pai que está nos céus.

Vale observar a linguagem popular de Jesus. Não usava conceitos abstratos. Usava expressões plásticas. Eis a diferença

---

88. *Êxodo* 20,2-17; *Deuteronômio* 5,6-21.
89. Cf. Boff; Cortella; Frei Betto, 2015.

entre a linguagem acadêmica e a popular: a primeira é conceitual; a segunda, imagética. Jesus falava por metáforas, transmitia sua mensagem com imagens da vida cotidiana que qualquer pessoa entende: sal, luz, semente etc. Nada tinha dessa retórica empolada, moralista e doutrinária tão comum nos púlpitos de nossas igrejas.

> Não pensem que vim abolir a Lei ou os profetas. Não vim abolir, e sim levá-los à perfeição. Posso garantir: passará o céu e a Terra antes que desapareça uma vírgula da Lei.
> Aquele que violar um desses mandamentos, por menor que seja, e ensinar assim aos demais, será declarado o menor no Reino dos Céus. Mas quem os guardar e ensinar será declarado grande no Reino dos Céus.
> Digo a vocês, se sua justiça não for maior que a dos escribas e fariseus, não entrarão no Reino dos Céus.

As comunidades do tempo de Mateus estavam divididas. Umas achavam que, após Jesus, ninguém deveria mais observar a lei de Moisés. Outros, os judeus convertidos, defendiam que a Lei precisava ser seguida.

Mateus se opõe aos radicalismos: nem desprezar a Lei, nem dar a ela mais importância do que merece. Mostra que Jesus não veio aboli-la, mas ultrapassá-la. E o mais importante: praticar a justiça!

Jesus foi um dissidente do Judaísmo. Discordou do fundamentalismo religioso que tomava a lei de Moisés ao pé da letra. Todo fundamentalista tende a ser mais apegado à letra da lei do que aos direitos das pessoas.

Jesus não teve medo de denunciar aqueles que, a seu ver, deturpavam a proposta das Escrituras, como escribas e fariseus. Os escribas, teólogos do Judaísmo, eram religiosos instruídos.

Nos capítulos 5, 6 e 7 Mateus discorre como a nossa justiça deve superar a da Lei e do pietismo farisaico.

"Ouviram o que foi dito aos antigos: 'Não matem; quem matar será castigado pelo juízo do tribunal'. Afirmo a vocês: todo aquele que tiver raiva de seu irmão será castigado pelos juízes. Aquele que chamar seu irmão de 'imbecil', será castigado pelo Sinédrio. Aquele que acusá-lo de 'louco', será condenado ao fogo no vale da Geena"[90].

"Se ao fazer a sua oferta diante do altar lembrar que seu irmão tem alguma coisa contra você, deixe lá a oferta e vai, primeiro, se reconciliar com seu irmão; só então volte para fazer a oferta."

"Entre em acordo depressa com o seu adversário enquanto está a caminho do tribunal, para que não aconteça que o acusador o entregue ao juiz, e o juiz ao policial, e você seja levado para a prisão. Posso garantir: dali você não sairá até pagar o último centavo."

Esse "dito aos antigos" se refere às Escrituras. Jesus fez uma releitura, como fazemos aqui do *Evangelho de Mateus*. Toda leitura é, de fato, uma releitura, pois cada leitor tem seu próprio "óculos" de captação do sentido do texto[91]. Quanto mais se conhece o contexto no qual o texto foi escrito, melhor o seu entendimento. E daí resulta o pretexto; ou seja, a motivação decorrente da leitura e que alimenta nossa espiritualidade ou prática evangélica.

---

90. Jesus não utilizou literalmente a expressão "fogo do inferno", como consta em muitas traduções da Bíblia, mas "vale da Geena", o grande depósito de lixo da Jerusalém de cuja incineração saía um cheiro fétido (cf. Hahn; Mitch, 2014, p. 47).

91. "Há leituras diferentes porque somos diferentes e temos interesses diferentes. Somos pessoas "situadas" em contextos concretos. Vivemos no tempo e no espaço. As situações que vivemos marcam profundamente nossos sentimentos, nossas atitudes, nossas opções" (Mosconi, 1990, p. 8).

Mateus mostra que Jesus tinha plena consciência da conjuntura da Palestina na época em que viveu, agravada pela dominação romana. "Havia ricos que até se davam ao luxo de morar no estrangeiro e deixar sua plantação nas mãos de arrendatários (*Mateus* 21,33). Muitos donos de terras exigiam dos meeiros mais do que podiam (*Mateus* 25,26). Também o desemprego era enorme! Havia gente que passava o dia todo na praça à espera de ser contratado (*Mateus* 20,1-7). O povo estava cada vez mais endividado e escravizado (*Mateus* 18,23-26). O desespero e a exploração chegaram a ponto de levar o pobre a matar (*Mateus* 21,34-39) e a explorar o próprio companheiro (18,27-30)"[92].

Jesus era um homem sensato. Não admitia ofensas ao próximo. E, sobretudo, inimizade entre irmãos. Há pessoas que não gostam de outras e fazem acusações, verdadeiras ou falsas. Mas não se trata de "irmãos" ou "irmãs". A reconciliação deve ser entre pessoas com alguma afinidade, sejam laços de parentesco, amizade ou profissionais.

Quando um adversário fazia uma acusação que poderia terminar na Justiça, Jesus propunha buscar a negociação antes de deixar avançar o processo. E Mateus insiste nesse ponto para evitar que os conflitos entre cristãos fossem parar nos tribunais, em geral dominados por autoridades romanas ou judeus fundamentalistas, o que resultava em penas severas. A alusão a que dali "não sairá até pagar o último centavo" dá a entender que se praticava o suborno para tirar pessoas da cadeia[93].

> "Ouviram o que foi dito: 'Não cometa adultério'. Eu, no entanto, afirmo: todo aquele que lançar um olhar de cobiça para uma mulher, já cometeu adultério com ela em seu coração."

---

92. Cf. CNBB, 1998, p. 27.

93. Cf. Overman, 1999, p. 97.

> "Se seu olho direito é causa de pecado, arranca-o e lança-o fora, porque é preferível perder um membro do que todo o corpo no fogo do vale da Geena. E se sua mão direita é causa de pecado, corta-a e lança-a fora, porque é preferível perder um membro que o corpo todo no fogo do vale da Geena."

O olho simboliza o desejo; a mão, a atitude. Para Jesus, não valiam apenas as ações, valiam também as intenções. Ele sabia que as más ações nascem de nossas intenções. Daí incluir entre as bem-aventuranças a pureza de coração.

Não se pode incorrer no erro de interpretar a Palavra de Deus literalmente. É óbvio que Jesus jamais aconselhou uma pessoa a automutilar-se, como arrancar um olho ou cortar a mão. Ele utilizava linguagem figurada, analógica, para acentuar a importância de se viver com valores e coerência, e cortar o mal pela raiz.

Vê-se que Jesus, por viver numa sociedade patriarcal, adotava uma linguagem androcêntrica. Assim, apelou à responsabilidade e ao autocontrole masculinos. E defendeu, não propriamente a indissolubilidade do matrimônio, mas a dignidade da mulher.

> "Foi também dito: 'Todo aquele que rejeitar sua mulher, dê a ela certidão de divórcio'. Eu, porém, afirmo: aquele que rejeita sua mulher a torna adúltera, a não ser que se trate de prostituição; e todo aquele que se casa com uma mulher rejeitada comete adultério"[94].

É preciso sempre ler o texto dentro do contexto. Jesus foi um homem de seu tempo. E numa sociedade agrária era importante preservar a família como núcleo de produção e reprodução. Entre os dez mandamentos da lei mosaica figuram "Não cometa adultério" e "Honra seu pai e sua mãe".

---

94. "Consideram o homem adúltero apenas quando viola a mulher ou a noiva de seu próximo, pois ela é tida como simples propriedade (*Levítico* 20,10)" (Odoríssio, 1998, p. 50).

Jesus era testemunha de como a opressão romana sobre aquela sociedade camponesa causava ruptura dos laços familiares. Acresce-se a isso o mau exemplo do governador da Galileia, que repudiou sua mulher para se casar com a cunhada, conforme descrito no capítulo 14.

Na sociedade judaica da época, a mulher não tinha vez nem voz. No entanto, Jesus dava a elas a mesmo valor. Igualdade de direitos! Como afirma o teólogo e biblista José Antonio Pagola, "Jesus não se pronuncia propriamente sobre o divórcio tal como se apresenta na atualidade, mas sobre o privilégio exclusivo dos varões de repudiar suas mulheres"[95].

> "Foi dito aos antigos: 'Não faça juramento falso, mas cumpra os seus juramentos ao Senhor'. Eu, porém, afirmo: não jurem nunca, nem pelo céu, porque é o trono de Deus; nem pela Terra, porque é o apoio de seus pés; nem por Jerusalém, porque é a cidade do grande Rei. Nem jurem por sua cabeça, porque vocês não podem fazer um cabelo ficar branco ou preto. Digam somente: 'Sim', se é sim; 'não', se é não. Tudo o que disserem além disso vem do Maligno."

Para Jesus, a palavra de uma pessoa deve valer por si mesma, sem precisar jurar por Deus ou qualquer outra referência.

> "Ouviram o que foi dito: 'Olho por olho, dente por dente'. Eu, porém, afirmo: não se vingue de quem fez mal a você. Se alguém feri-lo na face direita, oferece-lhe também a outra. Se alguém o acusa na Justiça para ficar com sua túnica, dá a ele também o manto. Se alguém o obriga a andar mil passos com ele, anda dois mil."
>
> "Dá a quem lhe pede e não evite quem vem pedir emprestado."

---

95. Pagola, 2013, p. 271, n. 46.

"Vocês ouviram o que foi dito: 'Ame o seu próximo e odeie seu inimigo'. Eu, porém, afirmo: amem seus inimigos, façam bem aos que odeiam vocês, orem por quem maltrata e persegue vocês. Assim serão filhos do Pai que está no céu, pois Ele faz nascer o sol tanto sobre os maus como sobre os bons, e faz chover sobre justos e injustos. Se amam somente os que amam vocês, que recompensa merecem? Não agem assim os publicanos? Se saúdam apenas seus irmãos, que há nisso de extraordinário? Não fazem isso também os pagãos? Portanto, busquem a perfeição, assim como o Pai celestial é perfeito."

No Primeiro Testamento a retaliação era admitida, embora não exista nenhum versículo que mande odiar o inimigo[96]. Há quem me pergunte se odeio os torturadores dos anos em que, sob a ditadura militar, estive preso. Digo que não. E acrescento antes que me encarem como se fosse uma pessoa virtuosa: "Não por comodismo. Pois descobri, no cárcere, que o ódio corrói quem odeia, e não o odiado". Há uma frase atribuída a Shakespeare que diz "o ódio é um veneno que você toma esperando que o outro morra".

Jesus aconselhou a tolerância, a não violência, a retribuição do mal com o bem.

"Amar os inimigos" não significa ser conivente com as injustiças que praticam. Quem ama é verdadeiro com o outro. Assim, por amor a eles devemos denunciar as atrocidades que cometem, de modo que mudem de vida e ajam com justiça. Amar é fazer bem ao outro, ainda que, em princípio, ele receba isso como um mal, a exemplo dos pais que levam o filho para se submeter a uma cirurgia, embora a criança tema o procedimento.

---

96. *Levítico* 24,20; *Deuteronômio* 19,21.

Capítulo 6

"Evitem fazer boas obras diante das pessoas para serem vistos por elas. Do contrário, não serão recompensados junto do Pai que está no céu. Quando derem esmolas, não toquem trombeta como fazem os hipócritas nas sinagogas e nas ruas, para serem louvados pelos homens. Em verdade, admito: eles já receberam sua recompensa. Quando derem esmolas, que a mão esquerda não saiba o que fez a direita. Assim, a esmola se fará em segredo; e o Pai, que vê o oculto, irá recompensar. Quando orarem, não façam como os hipócritas, que gostam de orar de pé nas sinagogas e nas esquinas das ruas para serem vistos pelos homens. Em verdade, reconheço: já receberam sua recompensa. Quando orarem, entrem no quarto, fechem a porta e orem ao Pai em segredo; e seu Pai, que vê até lugar oculto, lhes recompensará."

"Nas orações, não multipliquem as palavras, como fazem os pagãos que julgam que serão ouvidos à força de palavras. Não os imitem, porque o Pai sabe do que necessitam antes que vocês peçam."

Eis como devem rezar: *Pai nosso que estais nos céus, santificado seja o vosso nome; venha a nós o vosso Reino; seja feita a vossa vontade, assim na Terra como no céu. O pão nosso de cada dia nos dai hoje; perdoai as nossas ofensas, assim como nós perdoamos a quem nos tem ofendido; e não nos deixeis cair em tentação, mas livrai-nos do mal."

"Porque, se perdoarem aos demais as suas ofensas, o Pai celeste também haverá de perdoá-los. Mas se não perdoarem, tampouco o Pai lhes perdoará."

"Quando jejuarem, não fiquem com um ar triste como os hipócritas, que mostram semblante abatido para manifestar aos outros que jejuam. Em verdade, afirmo: já receberam sua recompensa. Quando jejuarem, perfumem a cabeça e lavem o rosto. Assim, não parecerão aos demais que jejuam, mas somente a seu Pai que está ocultamente presente; e seu Pai, que vê lugares ocultos, lhes recompensará."

Jesus frisou que não devemos fazer alarde ao prestar solidariedade ao próximo, nem multiplicar as palavras ao orar. E nos ensinou o *Pai-nosso*: que o Reino dele venha a nós; as condições dignas de vida sejam garantidas (o pão nosso); Deus nos perdoe, assim como perdoamos quem nos ofende. E se fazemos algum sacrifício, como o jejum, não devemos nos exibir aos outros, mas agir com discrição e humildade.

Assim como Deus, em sua transcendência ("no céu"), formulou para a humanidade um projeto civilizatório que pode ser qualificado de "paraíso", então que ele se faça, se realize, na Terra[97].

"O *Pai-nosso* é uma cartilha em forma de oração. Nele Jesus resume todo o seu ensinamento em sete pedidos dirigidos ao Pai. Nestes sete pedidos, ele retoma as promessas do Antigo Testamento e pede que o Pai nos ajude a realizá-las. Os três primeiros dizem respeito ao relacionamento nosso com Deus. Os outros quatro dizem respeito ao relacionamento entre nós"[98].

Ao contrário dos fariseus, que oravam para serem vistos e prestigiados, devemos orar na intimidade com Deus, sem alarde. E buscar na oração, em primeiro lugar, os interesses da causa do Reino, e não os nossos.

---

97. A palavra "paraíso" vem do persa *pairi-daeza*, que significa "jardim cercado por muro".

98. Mesters; Lopes; Orofino, 1999, p. 40.

O *Pai-nosso* se divide em duas partes: a primeira se centraliza no Pai (seu nome; seu Reino; sua vontade) e, a segunda, na comunidade (o pão nosso; nossas ofensas; as tentações; o mal). E possui dois refrões: *Pai nosso*/pão nosso. Só deve se sentir no direito de chamar Deus de Pai quem se empenha para que os bens necessários à vida – representados pelo pão – sejam de todos, e não da minoria privilegiada.

Na segunda parte do *Pai-nosso* pedimos que sejamos capazes de partilhar os nossos bens e garantir a todos o pão, que simboliza os bens necessários a uma vida digna e feliz. Pedimos ainda que saibamos perdoar e nos reconciliar com o próximo; evitar e nos afastar das tentações; e lutar contra toda espécie de mal.

O *Pai-nosso* é um verdadeiro salmo criado pela espiritualidade de Jesus[99].

> "Não juntem tesouros na terra, onde a ferrugem e as traças corroem, e os ladrões furtam e roubam. Juntem tesouros no céu, onde não são consumidos pelas traças nem corroídos pela ferrugem, e os ladrões não furtam nem roubam. Porque onde está o seu tesouro, lá também estará seu coração."
> "O olho é a luz do corpo. Se seu olho é sadio, todo o corpo será iluminado. Se seu olho estiver doente, todo o corpo estará nas trevas. Se a luz que está em você é treva, quão espessas serão as trevas!"
> "Ninguém pode servir a dois senhores, porque ou odiará um e amará o outro, ou se dedicará a um e desprezará o outro. Não se pode servir a Deus e à riqueza. Portanto, eis o que afirmo: não se preocupem com a sua vida pelo que haverão de comer, nem pelo corpo pelo que haverão de vestir. A vida não vale mais do que o alimento, e o corpo não vale

---

99. "A relação do *Pai-nosso* com as bem-aventuranças é muito estreita. Cada parte do *Pai-nosso* corresponde a um grupo de bem-aventuranças. Tanto em um como em outro texto trata-se primeiro da libertação da humanidade e só depois do fruto da comunidade" (Mateos; Camacho, 1993, p. 76).

mais do que as roupas? Olhem as aves do céu: não semeiam nem ceifam, nem recolhem nos celeiros, e seu Pai celestial as alimenta. Não valem vocês muito mais do que elas?"

"Qual de vocês, por mais que se esforce, pode acrescentar um só minuto à duração de sua vida? E por que se inquietam com as roupas? Vejam como crescem os lírios do campo; não trabalham nem fiam. No entanto, afirmo que nem o próprio Salomão, no auge de sua glória, vestiu-se como um deles. Se Deus veste assim a erva dos campos, que hoje cresce e amanhã será lançada ao fogo, quanto mais a vocês, homens de fé frágil! Não fiquem aflitos, nem digam: O que comeremos? O que beberemos? Com que nos vestiremos? São os pagãos que se preocupam com tudo isso. Ora, o Pai celeste sabe que vocês necessitam de tudo isso. Busquem, em primeiro lugar, o Reino de Deus e a sua justiça, e todas essas coisas serão dadas em acréscimo. Não se preocupem com o dia de amanhã que terá as suas preocupações próprias. A cada dia basta seu cuidado."

O primeiro versículo – "Não juntem tesouros na terra, onde a ferrugem e as traças corroem, e os ladrões furtam e roubam" – reflete um costume que havia na Palestina do século I: guardar dinheiro e joias em buracos cavados na terra. Jesus, homem inteligente, ensinava com muita sabedoria, apesar da pouca idade. De fato, nosso coração está sempre centrado naquilo que nos interessa, seja uma causa solidária, seja preservar o patrimônio. Jesus sabia como as pessoas coerentes e generosas transmitiam luz, enquanto as egoístas e cruéis parecem impregnadas de escuridão.

Jesus deixou claro que não se pode servir a Deus e às riquezas. Quem serve a Deus, o faz se comprometendo com a vida dos outros, a preservação ambiental, o combate às injustiças. E quem só pensa em acumular bens se fecha às necessidades alheias e considera a desigualdade social tão natural quanto o dia e a noite.

Será que o Evangelho condena os ricos? Sim, quando se considera a riqueza como objetivo primordial na vida por três perigos: 1) Impede o rico de enxergar além do tempo presente e abraçar a esperança de um futuro em que não haverá desigualdades sociais[100]; 2) Fecha a pessoa em si mesma e dificulta seu interesse por aqueles que não têm o necessário para viver; 3) Tende a ocupar o lugar de Deus. A riqueza torna-se uma espécie de ídolo ao qual se deve reverenciar a cada dia.

Neste versículo – "Busquem, em primeiro lugar, o Reino de Deus e a sua justiça" – Mateus resume toda a proposta de Jesus. Desapegar-se e buscar, não o reino de César, no qual viviam, mas o de Deus, baseado na solidariedade e na socialização dos bens, de modo que todos tenham condições dignas de vida.

---

100. Cf. a resiliência das empresas frente ao aquecimento global. E como fazem publicidade para serem consideradas grandes defensoras do meio ambiente! A Mineradora Vale, com as tragédias de Mariana (2015) e Brumadinho (2019), em Minas Gerais, é um triste exemplo.

Capítulo 7

"Não julguem, e não serão julgados. Porque do mesmo modo que julgarem, serão também julgados; e com a medida que tiverem medido, também serão medidos.
"Por que olha a palha no olho do seu irmão e não vê a trave no seu? Como ousa dizer a seu irmão: 'Deixa-me tirar a palha do seu olho', quando há uma trave no seu? Hipócrita! Tira primeiro a trave de seu olho e, assim, enxergará para poder tirar a palha do olho do seu irmão."

Mateus estava preocupado com as desavenças entre os cristãos das comunidades primitivas. Havia quem se arvorasse em fiscal do comportamento alheio. Assim, registra que Jesus nos alertava para esta corriqueira atitude: julgar o próximo levianamente. Muitas vezes somos induzidos a julgamentos indevidos pressionados pela mídia, pelas redes digitais ou por comentários injuriosos de outras pessoas.

Quem sou eu para julgar o outro?, devemos nos perguntar. Apontamos a palha no olho do próximo sem fazer autocrítica e admitir que, muitas vezes, não é uma pequena palha que temos em nosso olho, é uma trave do tamanho de um prédio de dez andares...

Conheci um velho monge que ao atender uma pessoa em confissão dava como penitência manifestar dez elogios por dia e guardar a língua de fazer críticas ácidas. Como é fácil criticar e difícil elogiar! E nosso ego gosta de receber elogios!

"Não lancem aos cães as coisas santas, não atirem pérolas aos porcos para que não as pisem e, ao se voltarem contra vocês, os despedacem. Peça e será

> dado. Busque e achará. Bata e será aberta. Porque todo aquele que pede, recebe. Quem busca, acha. A quem bate, se abrirá."
>
> "Quem de vocês dará uma pedra ao filho, se ele pedir pão? E se pedir peixe, dará uma serpente? Se vocês, que são maus, sabem dar boas coisas aos filhos, quanto mais o Pai celestial dará boas coisas aos que lhe pedirem."

"Em boca fechada não entra mosca", diz o ditado. É o conselho dado acima por Jesus: devemos silenciar quando não vale a pena falar ou denunciar. Para que atirar pérolas aos porcos? Quando se sabe que é perda de tempo tentar convencer fanáticos a mudarem de postura, o melhor é se calar.

Deus, contudo, escuta as nossas preces. É um Pai – e também Mãe, como frisou o papa João Paulo I –, que atende às nossas súplicas, embora nem sempre como queremos, e sim como Ele quer.

> "Tudo o que desejam que as pessoas façam a vocês, façam também a elas. Esta é a Lei e os profetas. Entrem pela porta estreita, porque larga é a porta e espaçoso o caminho que conduz à perdição, e numerosos são os que por aí entram. Estreita, porém, é a porta, e apertado o caminho da vida, e raros os que o encontram."
>
> "Evitem os falsos profetas. Eles chegam disfarçados de ovelhas, mas por dentro são lobos arrebatadores. Pelos seus frutos haverão de conhecê-los. Colhem-se, por acaso, uvas dos espinhos e figos dos abrolhos? Toda árvore boa dá bons frutos; toda árvore má dá maus frutos. Uma árvore boa não pode dar maus frutos; nem a árvore má, bons frutos. Toda árvore que não der bons frutos será cortada e lançada ao fogo. Pelos seus frutos serão conhecidas."

"Não faça aos outros o que não quer que façam a você", ensinavam os antigos mestres hebreus. Jesus inverteu o conselho, colocou-o em tom positivo: faça aos outros o que deseja que façam a você. Neste conselho reside toda a sabedoria do bom relacionamento humano e toda a mensagem do Evangelho. Sabemos que há muitas pessoas sem fé que agem assim. Desse modo, fazem a vontade de Deus.

No tempo de Jesus, muitas cidades eram cercadas por muralhas. Tinham portões amplos para a circulação de animais e caravanas, e portas estreitas que só permitiam a passagem de pessoas. As opções a serem feitas quando decidimos abraçar a causa do Reino, mesmo que não tenhamos fé, são a "porporta estreita": opção pelos pobres, luta pelos direitos humanos, denúncia das injustiças etc.

Impressiona a atualidade da mensagem de Jesus, duplamente milenar. Como ainda hoje há falsos profetas! Líderes religiosos que enganam e exploram os fiéis, pregam o que não vivem, ameaçam os crentes com o fogo do inferno! Ora, a prática é o critério da verdade. Como frisou Jesus, a árvore se conhece pelos frutos. Ao avaliar a atuação de uma pessoa – padre, pastor ou político – o que vale é conferir os frutos produzidos pelo que faz, os resultados de suas ações, e não apenas as intenções proferidas em belos discursos.

> "Nem todo aquele que me diz: Senhor, Senhor, entrará no Reino dos Céus, mas sim aquele que faz a vontade de meu Pai que está nos céus. Muitos me dirão naquele dia: 'Senhor, Senhor, não pregamos em seu nome, porém em seu nome expulsamos os demônios e fizemos muitos milagres?'[101] E, contudo, direi: 'Nunca conheci vocês. Afastem-se de mim, maus operários!'"

---

101. "A palavra 'demônio' (em hebraico 'Satan') tem sua raiz no verbo 'bloquear' ou 'impedir'. Satan representa um bloqueio nesta conexão com um fluxo sadio, enquanto a Cabala (em hebraico 'recebimento') se concretiza na liberação desse fluxo. [...] Na tradição judaica, Satan é denominado 'o outro lado' (*Sitra Achra*). Não é uma entidade, mas sim forças que nos distraem, deslocam-nos de nosso centro-mestre interior e significam literalmente (em hebraico) obstáculos ao nosso retorno ao caminho da saúde e da integração interior" (rabino Nilton Bonder; *apud* Barros, 2017, p. 136).

Jesus criticou duramente a hipocrisia de quem, a todo instante, invoca o nome de Deus e, no entanto, traz o coração carregado de intenções corruptas e maldosas. Suas palavras soam como se tivessem sido proferidas hoje: "Nem todo aquele que me diz: Senhor, Senhor, entrará no Reino dos Céus, mas sim aquele que faz a vontade de meu Pai que está nos céus".

Quanta gente fala em nome de Deus, mas não age como Ele quer! Pregam em nome dele, expulsam "demônios", fazem supostos milagres e, no entanto, enganam os fiéis, praticam a extorsão, usam a Bíblia como roleta de cassino para arrancar dinheiro da comunidade.

> "Aquele que ouve minhas palavras e as põe em prática é semelhante a um homem prudente que edificou sua casa sobre a rocha. Caiu a chuva, vieram as enchentes, sopraram os ventos e investiram contra aquela casa, que não desabou, porque estava edificada na rocha. Mas aquele que ouve as minhas palavras e não as põe em prática é semelhante a um homem insensato que construiu sua casa na areia. Caiu a chuva, vieram as enchentes, sopraram os ventos e investiram contra aquela casa que desabou e grande foi a sua ruína."
>
> Quando Jesus terminou o discurso, a multidão estava impressionada com o seu ensinamento. Com efeito, ele ensinava como quem tinha autoridade e não como os escribas.

Jesus era filho de um operário da construção civil, José. É provável que seu pai tenha trabalhado na edificação de Tiberíades, e Jesus atuado como auxiliar, pois na época em que a nova capital da Galileia foi erguida ele tinha cerca de 24 anos. Entendia, pois, de construção. Utilizou imagens próprias de quem domina o ofício de edificar moradias. Sabia que uma casa construída sobre a rocha tem solidez, enquanto a que está sobre a areia é vulnerável às intempéries.

Capítulo 8

Jesus desceu da montanha e muita gente o seguiu. Eis que um portador de hanseníase se aproximou, ajoelhou-se diante dele e disse: "Senhor, se quiser, pode curar-me". Jesus estendeu a mão, tocou-o e falou: "Eu quero, fique curado". No mesmo instante, a doença desapareceu. Jesus, então, lhe disse: "Não diga nada a ninguém. Vai se mostrar ao sacerdote e oferecer o dom prescrito por Moisés em agradecimento de sua cura".

Como ocorre ainda hoje, os que sofriam de hanseníase eram repudiados da vida social por serem portadores de uma enfermidade contagiosa considerada "maldita". E tratados como "impuros" pelos fariseus. Tríplice impureza: por quase não se lavarem; por apresentar a pele "suja", pontilhada de erupções; e por serem considerados religiosamente impuros, rejeitados por Deus. Isso porque os fariseus, como estritos cumpridores da lei mosaica, alegavam que doentes, portadores de deficiências, pobres e certas categorias profissionais, como coletores de impostos e açougueiros, contrariavam a Lei de Pureza e retardavam a chegada do Messias. Eram tidos como malditos... (*Levítico* 5,3; *Números* 5,1).

Jesus, que encarava tudo pela ótica do oprimido, não apenas acolheu o judeu "maldito", como ousou tocar o corpo dele e, portanto, violou a lei mosaica em nome da salvação de uma vida. E pediu que o homem não fizesse alarde do benefício recebido, mas cumprisse a Lei e se apresentasse ao sacerdote (*Levítico* 13,1-3), de modo a ser novamente aceito pela sociedade.

Jesus, destituído de preconceitos, não fazia discriminações, ao contrário de inúmeros "cristãos" hoje em dia que consideram "impuros" os gays, os negros, os de classe social inferior, os que se encontram em situação de rua, os que praticam outras religiões etc. E ainda se dizem discípulos de Jesus..., como os fariseus se afirmavam fiéis observadores dos mandamentos divinos...

> Jesus entrou em Cafarnaum. Um centurião veio até ele e rogou: "Senhor, meu servo está em casa, de cama. Paralítico, sofre muito. Disse-lhe Jesus: "Irei à sua casa para curá-lo." O centurião reagiu: "Senhor, não sou digno de que entre em minha casa. Diga uma só palavra e meu servo ficará curado. Também sou subordinado e tenho soldados sob minhas ordens. Se digo a um: 'Vai', ele vai; a outro: 'Vem', e ele vem; e a meu servo: 'Faça isto, e ele faz'..."
> Ao ouvir isso, Jesus, cheio de admiração, disse aos presentes: "Em verdade afirmo a vocês: não encontrei semelhante fé em Israel. Por isso, advirto que multidões virão do Oriente e do Ocidente e se assentarão no Reino dos Céus com Abraão, Isaac e Jacó, enquanto aqueles que deveriam estar no Reino serão lançados nas trevas exteriores, onde haverá choro e ranger de dentes"[102]. Em seguida, dirigiu-se ao centurião: "Vai, seja feito conforme a sua fé". Na mesma hora o servo ficou curado[103].

Durante sua militância, Cafarnaum era o pouso mais frequente de Jesus, na casa da família de Pedro. Ali um oficial romano – chamado "centurião" por comandar uma guarnição de 100 soldados – foi ao seu encontro. Embora fosse pagão, acreditava em Jesus.

---

102. Sobre a condenação eterna cf. Boff, 2023, p. 53-62.

103. "Para Mateus, a fé *não segue* o milagre, mas o *precede*" (Gendron, 1999, p. 28).

O curioso é o militar pedir em favor de um servo, já que poderia ignorar a enfermidade do serviçal e se valer dos serviços de seus outros tantos subordinados, como fazem, hoje, muitos patrões. O que nos permite suspeitar de que havia um "algo mais" que ligava o centurião ao servo. Possivelmente um vínculo afetivo. Tanto que preferiu que Jesus não fosse à casa dele, talvez com receio de que o Mestre se desse conta do laço mais profundo que os unia. A homossexualidade era duramente condenada na Palestina do século I, embora não se saiba de nenhuma situação na qual Jesus tenha manifestado preconceito.

Jesus se dispôs a entrar na casa do oficial romano, o que era estritamente proibido pela lei mosaica, e elogiou a fé do centurião. Não só elogiou, mas exaltou-a, a ponto de exclamar que não havia encontrado "semelhante fé em Israel". E, ao contrário de muitos padres e pastores, não exigiu, primeiro, que o militar renegasse a sua fé pagã para, em seguida, atendê-lo. Fez o bem sem olhar a quem.

Mateus escreveu este relato na perspectiva de universalizar o Cristianismo e criticar seus conterrâneos judeus por não aceitarem Jesus como o Messias esperado. Critica também as comunidades cristãs, majoritariamente integradas por judeus convertidos, que manifestavam preconceito aos pagãos convertidos. Daí frisar que "multidões virão do Oriente e do Ocidente e se assentarão no Reino dos Céus com Abraão, Isaac e Jacó, enquanto aqueles que deveriam estar no Reino serão lançados nas trevas exteriores".

Não podemos ter preconceito a quem abraça denominações religiosas diferentes da nossa. Certa vez, na TV, ao debater com um médium espírita, um sacerdote manifestou seu incômodo: "Não posso entender como vocês admitem que, nas sessões espíritas, conversam com os mortos". O médium respondeu com tranquilidade: "Curioso ouvir isso da boca de um sacerdote. Com quem vocês católicos conversam quando rezam para a mãe de Jesus ou São Francisco ou Santo Expedito?"

> Jesus entrou na casa de Pedro, cuja sogra estava de cama, com febre. Tomou-lhe a mão, e a febre a deixou. Ela se levantou e começou a servi-los.

Esta informação de apenas três linhas comprova que Jesus não considerava o celibato exigência para seus apóstolos. Se Pedro tinha sogra, portanto era casado. Nem por isso deixou de ser escolhido como líder do grupo apostólico.

> De tarde, apresentaram-lhe muitos possessos de demônios. Com uma palavra expulsou os espíritos e curou todos os enfermos. Assim se cumpriu a predição do profeta Isaías: "Assumiu as nossas enfermidades e tomou para si os nossos males"[104].

"Possessos de demônios" eram, provavelmente, pessoas com transtornos mentais ou doenças como epilepsia. Na falta de psicologia, o sintoma era interpretado como algo demoníaco. O registro de Mateus serve também para respaldar o argumento de que Jesus era, sim, o Messias predito pelo profeta Isaías. Como já foi dito, os evangelhos foram escritos de olho no espelho retrovisor; ou seja, para confirmar que o Novo Testamento é a confirmação do Primeiro.

Há muitos exemplos de paralelo entre os evangelhos e os textos do Primeiro Testamento. Cito apenas um: o paralelo entre Moisés e Jesus. Mateus quer provar que Jesus é o novo Moisés. Assim como Amrão, pai de Moisés, sonhou que seria pai do futuro libertador[105], José sonhou que deveria assumir Jesus como seu filho (*Mateus* 1,20-21). Moisés nasceu no Egito (*Êxodo* 2,1ss); a família de Jesus se refugiou no Egito (*Mateus* 2,13-14). Moisés

---

104. *Isaías* 53,4.
105. Segundo antiga lenda judaica (cf. Odoríssio, 1998, p. 26).

devia morrer ao nascer, perseguido pelo faraó (*Êxodo* 1,15ss) e Jesus devia morrer ao nascer perseguido pelo rei Herodes (*Mateus* 2,16ss). Crianças foram assassinadas por ocasião do nascimento de Moisés (*Êxodo* 1,15ss), o mesmo ocorreu por ocasião do nascimento de Jesus (*Mateus* 2,16ss). Moisés foi salvo da morte por uma ocorrência extraordinária (*Êxodo* 2,1ss); o mesmo aconteceu a Jesus (*Mateus* 2,13ss). Por ordem divina, Moisés retornou ao Egito levando mulher e filhos (*Êxodo* 4,19-20); Jesus retornou do Egito em companhia de Maria e José (*Mateus* 2,19-20). Moisés deixou o Egito a caminho de Israel (*Êxodo* 13,17ss); Jesus saiu do Egito com seus pais rumo a Israel (*Mateus* 2,20-21).

> Certo dia, quando estava cercado por muita gente, Jesus pediu que o levassem para a outra margem do lago[106]. Nisso se aproximou dele um escriba e disse: "Mestre, haverei de segui-lo para onde quer que vá". Respondeu Jesus: "As raposas têm suas tocas e as aves do céu seus ninhos, mas o Filho do Homem não tem onde repousar a cabeça".
> E um dos seus discípulos lhe disse: "Senhor, deixa eu ir primeiro enterrar meu pai". Jesus lhe respondeu: "Segue-me e deixa que os mortos enterrem seus mortos".

Escriba era uma pessoa culta, que sabia ler e escrever, o que era exceção no tempo de Jesus. No Judaísmo, os escribas eram os teólogos, interpretavam as Escrituras. Aquele que se dispôs a seguir Jesus, recebeu uma resposta em metáfora, própria da linguagem popular, acentuando as dificuldades do seguimento. É preciso abraçar o despojamento e os riscos. Era o que Mateus quis frisar para as primeiras comunidades cristãs.

No parágrafo seguinte se ressalta que Jesus considerava a causa do Reino acima dos deveres familiares. Para os hebreus,

---

106. "A outra margem" significa a região da Galileia habitada predominantemente por pagãos ou não judeus.

como ainda hoje em nossa cultura, sepultar os parentes era um dever sagrado (*Gênesis* 50,5; *Tobias* 4,3-4), o que Jesus relevava.

"O mundo da tradição é o mundo da morte. A tradição morta gera mortos. O discípulo mostrava, portanto, não ter rompido definitivamente com seu passado e considerá-lo ainda um valor positivo"[107].

> Jesus subiu na barca com seus discípulos. De repente, desabou sobre o lago uma tempestade tão forte que as ondas cobriam a barca. Ele, no entanto, dormia. Os discípulos se aproximaram e o acordaram: "Mestre, salva-nos, vamos morrer!" Jesus perguntou-lhes: "Por que tanto medo, gente de fé tão frágil?" Então, levantou-se e deu ordens aos ventos e às águas, e fez-se grande calmaria. Admirados, diziam: "Quem é este homem a quem até os ventos e a água obedecem?"

Como já sublinhei, os evangelhos foram escritos espelhados no Primeiro Testamento. Não sabemos se este episódio da barca é histórico, mas temos certeza de que foi inspirado no livro do profeta Jonas (1,1-16). Há uma sequência de analogias entre os dois relatos: Jonas e Jesus estavam em uma barca; ambos enfrentaram a tempestade ao navegar; ambos foram encontrados dormindo por seus companheiros tomados pelo medo; as duas tripulações rogaram a Deus; ambos trouxeram a calmaria; e nos dois relatos os navegantes ficaram admirados com o desfecho.

Na teologia, faz-se com frequência analogia da barca com a Igreja, chamada de "barca de Pedro", e que sempre passa por sucessivas tribulações, sem soçobrar.

Mateus, entretanto, com certeza estava preocupado com os cristãos que vacilavam na fé, sobretudo devido às perseguições sofridas no século I. Enfrentavam "grandes tempestades" sob o

---

107. Mateos; Camacho, 1993, p. 97. Cf. *1Reis* 19,20.

silêncio de Deus, como se Jesus dormisse... O evangelista procura convencê-los de que, em breve, viria a calmaria.

> No outro lado do lago, na terra dos gadarenos, dois possessos de demônios, saídos de um cemitério, vieram ao encontro de Jesus. Mostravam-se tão furiosos que ninguém ousava passar por ali. Eis que se puseram a gritar: "O que tem a ver conosco, Filho de Deus? Veio aqui para nos atormentar antes do tempo?"
> Não muito distante dali, pastava uma grande vara de porcos. Os demônios imploraram a Jesus: "Se nos expulsa, envia-nos para aquela vara de porcos". "Vão" – disse. Eles saíram das pessoas e entraram nos porcos. Nesse instante, toda a vara se precipitou no lago pela encosta escarpada e morreu afogada. Os homens que guardavam os porcos fugiram e foram contar na cidade tudo o que havia ocorrido. Então, muitos saíram ao encontro de Jesus para suplicar-lhe que deixasse aquela região.

Gadarenos eram habitantes de Gadara, uma das dez cidades que formavam a Decápolis. Predominava ali a cultura grega, o que explica a existência da vara de porcos, animal repudiado pelos judeus como impuro (*Levítico* 11,7-8).

Por seus transtornos mentais, os dois "possessos" tinham sido expulsos da cidade e, por isso, refugiavam-se no cemitério. Simboliza também que estavam socialmente "mortos". É interessante observar que Jesus, ao exorcizá-los, fez com que os "demônios" entrassem nos porcos, que se precipitaram em uma escarpa, caíram no lago e morreram afogados. Podemos imaginar a reação do dono da vara de porcos...

Jesus demonstrou que, para ele, a vida humana estava acima dos animais e do direito de propriedade.

Mas há no relato outro significado implícito: as legiões romanas ostentavam, em suas bandeiras, a esfinge do porco, o que era considerado uma grave ofensa aos judeus. No episódio da vara de porcos, Mateus reforça a opinião de Jesus: os romanos devem sair da Palestina! César não tem o direito de governar um reino que é de Deus!

Por que os gadarenos pediram a Jesus para deixar a região? Porque ele passou a correr risco de vida ao violar o direito de propriedade, causar grande prejuízo à produção suína e expressar repúdio à ocupação romana[108].

---

108. Alguns estudiosos da Bíblia defendem que os apóstolos não tiveram que cortar seus laços familiares para integrar o Movimento de Jesus, como ocorre também hoje com sindicalistas e líderes de movimentos populares: "Era fácil viajar com Jesus por um ou vários dias, chegar a uma cidade galileia, travar um debate com os líderes locais e voltar para casa ao anoitecer. [...] Duvido que os laços tradicionais, familiares e urbanos fossem completamente cortados no movimento de Jesus. Esses laços podem ter sido abalados, mas isso seria mais resultado da fidelidade pessoal ao movimento de Jesus, não uma prova de que esses seguidores tivessem abandonado seus lares para sempre. Segundo a narrativa, Jesus conservou os laços com sua mãe e sua cidade. Pedro fez o mesmo, e o grupo nunca esteve mais distante de seus lares tradicionais do que meio dia ou um dia de caminhada" (Overman, 1999, pp. 78-79).

Capítulo 9

Jesus entrou de novo na barca, atravessou o lago e se dirigiu à sua cidade. Eis que lhe apresentaram um paralítico deitado numa padiola. Ao ver a fé daquela gente, Jesus disse ao paralítico: "Meu filho, coragem! Seus pecados são perdoados". Ao escutar isso, alguns escribas murmuraram entre si: "Este homem blasfema". Jesus captou-lhes os pensamentos e perguntou: "Por que trazem maus pensamentos em seus corações? O que é mais fácil dizer: 'Seus pecados são perdoados', ou: 'Levanta e anda'? Ora, para que saibam que o Filho do Homem tem na Terra o poder de perdoar os pecados: 'Levanta!', disse ao paralítico, 'toma a sua maca e volta para casa'". O homem se levantou e foi embora. Ao ver aquilo, todos se encheram de temor e glorificaram a Deus por ter dado tal poder aos homens.

"Sua cidade" era Cafarnaum (*Marcos* 2,1). Os escribas, teólogos judeus mais citados como "doutores da Lei", viviam de olho em Jesus, dispostos a condená-lo. Na opinião deles, só Deus tinha o poder de perdoar pecados, assim mesmo pela mediação do Templo. Por isso, acusaram Jesus de "blasfêmia".

Que pecados poderia ter aquele enfermo entrevado numa padiola? De fato, não foram os possíveis pecados do homem o alvo de Jesus, e sim a perversa teologia vigente na Palestina que associava doença a pecado (*João* 9). As doenças eram tidas como castigos de Deus. Ao "perdoar" os pecados Jesus comprovava que não se deve atribuir a Deus as enfermidades. Há que buscar aqui as causas que as provocam e tratar de erradicá-las. Essa "desteologização" da doença causou profunda irritação nos escribas[109].

> Ao sair dali, Jesus viu um homem chamado Mateus sentado na coletoria de impostos. Disse-lhe: "Segue-me". O homem se levantou e o seguiu.
> Na casa desse homem, Jesus se sentou à mesa em companhia de numerosos publicanos, pecadores e seus discípulos. Ao ver aquilo, os fariseus disseram aos discípulos: "Por que o mestre de vocês come com publicanos e pecadores?" Ao escutar a indagação, Jesus reagiu: "Não são os que têm saúde que precisam de médico, mas sim os doentes. Procurem aprender o que significam estas palavras: 'Quero a misericórdia e não o sacrifício'[110]. Não vim chamar os justos, mas os pecadores".

É sintomático que Mateus, de origem judaica, tenha creditado a sua conversão a Jesus exatamente após a cura do paralítico. Logo em seguida, Jesus convidou Mateus a se tornar militante do Reino. Ao relatar o episódio na terceira pessoa, Mateus registra: "O homem se levantou e o seguiu". O verbo 'levantar' é frequente em Mateus. Significa cura, vida nova, conversão, engajamento.

Dos quatro evangelistas, com certeza dois foram apóstolos de Jesus: Mateus e João. Lucas não o conheceu pessoalmente. E é provável que Marcos fosse filho do casal de discípulos em cuja casa ocorreu a última ceia. Muitos estudiosos dos evangelhos admitem que Marcos era o jovem testemunha da prisão de Jesus: "Todos os discípulos abandonaram Jesus e fugiram. Exceto um jovem que, coberto apenas com uma túnica de linho, o seguia. Os guardas o agarraram. Mas o jovem se desprendeu da roupa e fugiu nu (*Marcos* 14,51).

---

109. "Para Mateus, mais do que para qualquer outro autor, os milagres de Jesus têm o propósito de demonstrar a autoridade que ele recebeu de Deus" (Overman, 1999, p. 137).

110. *Oseias* 6,6.

Mateus, como ele próprio informa, era publicano – ou seja, fiscal de renda –, profissão considerada "impura" e "ignominiosa" pelos fariseus, por lidar com dinheiro e cobrar impostos dos judeus em favor dos romanos. Era considerado, portanto, pelas autoridades religiosas, um pecador público. "É muito plausível que os marginalizados da sociedade galileia tivessem o privilégio de ingressar no movimento (de Jesus) ou tivessem razões para atrair esse líder popular"[111].

Jesus o escolheu justamente por ser uma pessoa marginalizada pela sociedade em que vivia. Sabemos pelo *Evangelho de Marcos* (2,14) que ele se chamava Levi e era filho de Alfeu. Jesus lhe deu outro nome, Mateus, que significa "dom de Deus"[112].

Como funcionário da coletoria, Mateus era homem de posses. Tinha recursos para oferecer em sua casa refeição aos discípulos de Jesus e a seus convidados, "numerosos publicanos e pecadores".

Atentos ao cisco no olho alheio, sem enxergar a trave no próprio, os fariseus condenaram Jesus por dividir a mesa com gente alvo de seus preconceitos. Jesus reagiu com um aforismo próprio da sabedoria oriental – quem precisa de médico são os doentes, e não os sadios. E citou uma sentença de Javé manifestada pelo profeta Oseias (6,6): de nada vale oferecer sacrifícios no Templo – ou promover belas liturgias nas igrejas, diríamos hoje – se não somos capazes de misericórdia para com aqueles que são alvos de preconceitos e discriminações. A palavra misericórdia deriva de *miserere* (compaixão) e *cordis* (coração) – acolher de coração os que são marginalizados e excluídos.

---

111. Cf. Overman, 1999, p. 146.

112. O nome Levi era depreciativo entre os judeus daquela época. Por isso, passou a ser chamado Mateus, que significa "dom de Deus" (cf. Odoríssio, 1998, p. 7).

> Os discípulos de João foram até Jesus e perguntaram: "Por que nós e os fariseus jejuamos, e seus discípulos não?" Jesus respondeu: "Podem os convidados a um casamento ficar tristes enquanto o noivo está com eles? Dias virão em que não terão a companhia do noivo. Então, jejuarão".

João Batista formou uma comunidade de discípulos antes de Jesus se tornar um deles. Os primeiros discípulos de Jesus, segundo o *Evangelho de João* (1,35-42), foram dois irmãos que participavam do grupo de João, André e Pedro, e também Filipe.

O registro de Mateus nos permite deduzir que a comunidade joanina teve continuidade após o início da militância de Jesus e da prisão e assassinato de João. E seus participantes conservaram o caráter penitencial da espiritualidade do Batista, denotada pela prática do jejum.

Jesus foi taxado de "comilão e beberrão" (*Mateus* 11,19) justamente por abraçar uma espiritualidade que valoriza os bons momentos da vida, como partilhar a mesa com amigos e amigas. Ele prezava a alegria, não a tristeza; a comemoração, não o lamento; a festa, não o funeral. Tanto que seu primeiro milagre foi evitar que a festa acabasse por falta de vinho (*João* 2,1-11). Por isso, sofreu tantas críticas do legalismo dos fariseus.

> Ninguém põe remendo de pano novo em roupa velha, porque arrancaria uma parte da roupa e o rasgão ficaria pior. Não se coloca tampouco vinho novo em barricas velhas; do contrário, as barricas se rompem, o vinho derrama e as barricas se perdem. Coloca-se, sim, vinho novo em barricas novas e, assim, tanto um como outro se conservam.

Jesus se convenceu de que a religião legalista do Templo de Jerusalém não tinha conserto. Seria pôr remendo novo em pano velho ou vinho novo em barris já usados. Era preciso iniciar um novo modo de realizar o projeto de Deus na história. Decidiu, portanto, criar um movimento a partir dos pobres e marginalizados.

Mateus quer frisar às comunidades que Jesus não veio fazer reformas, e sim uma revolução, iniciar um novo projeto civilizatório. Muitos judeus cristãos das comunidades primitivas, presos às concepções antigas, consideravam Jesus um reformador do Judaísmo, tinham dificuldade de entender a ruptura que ele veio provocar e o novo projeto que propunha.

> Jesus ainda falava, quando se aproximou o chefe da sinagoga. Prostrou-se diante dele e disse: "Senhor, minha filha acaba de morrer. Venha, imponha-lhe as mãos e ela viverá". Jesus se levantou e o acompanhou com seus discípulos.
> Ora, uma mulher atormentada por um fluxo de sangue, havia doze anos, aproximou-se por detrás dele e tocou-lhe a orla do manto. Dizia consigo: "Se eu apenas tocar na sua roupa, serei curada". Jesus se virou, viu-a e disse: "Tenha confiança, minha filha, sua fé a salvou". E a mulher ficou instantaneamente curada.
> Ao chegar na casa do chefe da sinagoga, Jesus encontrou tocadores de flauta e muitas pessoas alvoroçadas. Disse a elas: "Retirem-se; a menina não está morta; ela dorme". Eles, porém, zombaram dele. Ao sair do quarto toda aquela gente, ele entrou, tomou a menina pela mão e ela se levantou. Essa notícia se espalhou por toda a região.

Os dois episódios envolvem mulheres: uma adulta e uma adolescente. É curioso que Jesus tenha sido procurado por um fariseu, chefe da sinagoga, cujo nome era Jairo, informam *Marcos* (5,22) e *Lucas* (8,41). Tratava-se de um pai desesperado frente à morte da filha. Ao acompanhá-lo a casa, Jesus foi abordado por uma mulher que há doze anos sofria de sangramento vaginal. Isso a incluía entre as pessoas consideradas "impuras" pelos fariseus. Portanto, era uma pessoa triplamente discriminada: por ser mulher, estrangeira (cananeia) e padecer de enfermidade crônica.

A mulher buscou a cura em Jesus, como o chefe da sinagoga buscou a salvação da filha. Vale observar que Jesus, ao curar a mulher, não atribuiu o mérito a si próprio, mas à fé da enferma.

No tempo de Jesus, os funerais judaicos contavam com flautistas. Jesus fez saírem as pessoas que ocupavam a casa, notou que a menina agonizava, mas não morrera, e a salvou. Para o legalismo religioso da época, era uma abominação alguém tocar em cadáver. De fato, supostamente a menina estava morta e Jesus tocou na mão dela.

> Ao sair dali dois cegos seguiram Jesus aos gritos: "Filho de Davi, tem piedade de nós!" Jesus entrou em uma casa e os cegos foram atrás dele. Perguntou-lhes: "Creem que posso fazer isso?" "Sim, Senhor", responderam. Então, ele tocou nos olhos deles e disse: "Seja feito segundo a fé de vocês". No mesmo instante os olhos deles se abriram. Jesus recomendou-lhes em tom enérgico: "Tomara que ninguém saiba disso". Mas logo que saíram, espalharam a notícia por toda aquela região.

Mais uma vez foi a fé das pessoas a causa da cura. Jesus não a atribuiu a si mesmo. Rompeu com as Leis da Pureza ao tocar os cegos e ainda insistiu, em vão, que não dessem a ele, Jesus, o crédito do milagre, ao contrário de tantos de nós que gostamos de propagar nossas boas ações para angariar admiração.

> Logo que os homens curados se foram, trouxeram a Jesus um mudo possuído pelo demônio. O demônio foi expulso, o mudo passou a falar e as pessoas exclamaram com admiração: "Jamais se viu algo semelhante em Israel". Os fariseus, porém, diziam: "É graças a Belzebu[113] que ele expulsa os demônios".

---

113. Belzebu era "um deus filisteu adorado na cidade de Acaron (*2Reis* 1,2-16). Seu nome significa algo como "príncipe Baal", um deus muito conhecido dos cananeus. Os judeus jocosamente mudaram o significado desse nome para "deus das moscas" ou "deus da merda". No evangelho, o nome se refere a Satanás, o "príncipe dos demônios" (9,34; 12,24-27; *Marcos* 3,22; *Lucas* 11,15). Cf. Hahn; Mitch, 2014, p. 65.

O negacionismo é tão antigo como o cachimbo de Adão. Os fariseus, incomodados diante daquele Nazareno dissidente do Judaísmo, não admitiam atribuir a Deus os feitos de Jesus. Atribuíam ao diabo, como ainda hoje há quem atribua a uma "conspiração do mal" as lutas em defesa dos direitos humanos.

> Jesus percorria todas as cidades e aldeias. Ensinava nas sinagogas, pregava a proposta do Reino e curava todo mal e toda enfermidade. Ao observar a multidão, ficou tomado de compaixão, porque estava enfraquecida e abatida como ovelhas sem pastor[114]. Disse, então, aos discípulos: "A messe é grande, mas os operários são poucos. Peçam, pois, ao Senhor da messe enviar trabalhadores para sua messe".

As figuras do pastor e das ovelhas são recorrentes na Bíblia (*1Reis* 22,17; *Judite* 11,19; *Jeremias* 23,1-3; *Zacarias* 10,2). Muitos líderes de Israel são apresentados como pastores: Josué (*Números* 27,17), Davi (*2Samuel* 5,2-3) e o próprio Jesus (*Mateus* 25,31-34; *João* 10,16).

Militante incansável e peregrino, Jesus dedicou sua vida a divulgar a mensagem da nova sociedade querida por Javé, que ele denominava Reino de Deus, em contraposição ao reino de César.

Era forte a empatia de Jesus com o povo, como acontece aos grandes líderes populares, como Gandhi e Luther King. Sentia a multidão sem rumo. Daí a importância de multiplicar o número de militantes – trabalhadores para a grande messe, educadores populares comprometidos com a causa do Reino.

---

114. *Números* 27,17; cf. *1Reis* 22,17; *Ezequiel* 34.

Capítulo 10

> Jesus reuniu os doze discípulos e conferiu-lhes o poder de expulsar os maus espíritos e curar todo mal e toda enfermidade. Eis os nomes dos doze apóstolos: o primeiro, Simão, chamado Pedro; depois André, seu irmão. Tiago, filho de Zebedeu, e João, seu irmão. Filipe e Bartolomeu; Tomé e Mateus, o publicano. Tiago, filho de Alfeu, e Tadeu. Simão, o cananeu, e Judas Iscariotes[115], que foi o traidor.

É interessante observar o encadeamento que Mateus dá a seu relato. Acima ele fala da necessidade de trabalhadores para a messe e, em seguida, cita os nomes dos escolhidos por Jesus. Doze homens, o que evoca as doze tribos de Israel. Pessoas muito diferentes: quatro pescadores, Simão Pedro, André, Tiago e João, cujo pai, Zebedeu, investia no setor de pesca e, com certeza, era conhecido na região como empreendedor.

André foi discípulo de João Batista (*João* 1,35-40; *Mateus* 4,18), e apresentou seu irmão, Pedro, a Jesus. Ambos nasceram em Betsaida (*João* 1,44). Pedro era casado (*Mateus* 8,14-15) e sócio de Tiago e João no negócio de pesca. Tinha temperamento impulsivo, de quem age mais pela emoção do que pela razão. Duas cartas que integram o Novo Testamento são atribuídas a ele.

---

115. Judas Iscariotes; ou seja, "o homem da aldeia de Kerioth", na Judeia, (seria, portanto, o único apóstolo de fora da Galileia). "Judas, nome relacionado à "Judeia/judeu", representa o Israel histórico dentro do Israel messiânico, que deve integrar todos os povos. Israel, aferrado à tradição dos letrados e fariseus, é incapaz de dar sua adesão a Jesus. Judas representa os dirigentes que aceitaram e recompensaram sua traição (*Mateus* 26,14-16). Ao mesmo tempo, as multidões que seguiram Jesus (*Mateus* 4,25; 8,1), escutaram seu ensinamento (*Mateus* 7,28), presenciaram suas ações (*Mateus* 12,23), nunca romperam com a ideologia do passado" (Mateos; Camacho, 1993, p. 298).

Tiago é conhecido, na tradição cristã, como Tiago, o Maior ou o mais velho, para diferenciá-lo do outro apóstolo de mesmo nome, Tiago, o Menor (*Marcos* 15,40), por ser mais jovem. Irmão de João, ambos eram filhos de Zebedeu e Salomé, e trabalhavam com o pai na atividade pesqueira. Como também tinham temperamento explosivo, eram alcunhados de "filhos do trovão" (*Marcos* 3,17; *Lucas* 9,54).

Pedro, Tiago e João eram os apóstolos mais próximos de Jesus. Estavam presentes na ressurreição da filha de Jairo (*Marcos* 5,37); na transfiguração de Jesus (*Mateus* 17,1-2) e na agonia do Mestre no Monte das Oliveiras (*Mateus* 26,36-37).

O Tiago, autor da carta contida no Novo Testamento, não é o apóstolo. A maioria dos biblistas a atribuem a Tiago, o Justo, irmão de Jesus (*Mateus* 13,55-56).

João, "o discípulo amado" (*João* 13,23; 21,20), era o mais jovem dos apóstolos. É o autor do quarto evangelho, de três cartas do Novo Testamento e do livro do *Apocalipse*. Por isso é chamado de João Evangelista[116].

Filipe também era natural de Betsaida (*João* 1,44). Seu nome, de origem grega – *Philippos* –, significa "amante de cavalos". Foi ele quem convenceu Natanael – também conhecido pelo nome de Bartolomeu – a se tornar apóstolo de Jesus (*João* 1,45-49). Bartolomeu significa "filho de Ptolomeu".

Tomé é citado no *Evangelho de João* como Dídimo (*João* 11,16; 20,24; 21,2), que significa "gêmeo", provavelmente por ter um irmão ou irmã fruto da mesma gestação. Os relatos evangélicos nos permitem supor que se tratava de um homem muito sincero, mas pessimista e incrédulo (*João* 20,25-27), embora do-

---

116. Preso pelo imperador Domiciano e conduzido à ilha de Patmos, ali João escreveu o *Apocalipse*, o mais poético e enigmático livro do Novo Testamento. Libertado após a morte do imperador, passou a viver em Éfeso, onde teria morrido em 103, aos 94 anos.

tado de grande coragem. Quando Jesus decidiu retornar à Judeia para ressuscitar seu amigo Lázaro, mesmo sob ameaça de assassinato, Tomé convocou seus companheiros à solidariedade ao Mestre: "Vamos também para morrermos com ele" (*João* 11,16).

São escassas as informações sobre Tiago, filho de Alfeu. É provável que sua mãe também se chamasse Maria e fosse discípula de Jesus (*Mateus* 27,56; *Marcos* 16,1; *Lucas* 24,10). Há apenas quatro citações a respeito dele no Novo Testamento (*Mateus* 10,3; *Marcos* 3,18; *Lucas* 6,12-16; *Atos dos Apóstolos* 1,13).

Tadeu se chamava Judas Tadeu e era irmão de Tiago (*Marcos* 6,3; *Mateus* 13,55). Trata-se de Tiago, irmão de Jesus? Nos *Atos dos Apóstolos* (1,13) seu nome aparece como "Judas, filho de Tiago". Supõe-se que ele é o autor da *Carta de Judas*, incluída no Novo Testamento.

O apóstolo João, em seu evangelho (14,22), teve o cuidado de diferençar Judas Tadeu de Judas Iscariotes.

Simão, o Zelote (*Marcos* 3,18), também conhecido como Simão, o Cananeu ou Simão, o nacionalista, era natural de Caná da Galileia. Além da sua origem, pouco se sabe sobre o apóstolo. O termo "zelote" significa zeloso, cuidadoso. Os zelotes formavam um grupo político radical que advogava a luta armada como forma de expulsar os romanos da ocupação da Palestina.

Judas Iscariotes, filho de Simão Iscariotes (*João* 6,71), foi o apóstolo que traiu Jesus. O termo Iscariotes comporta duas versões: referência ao lugar de origem, Kariot; ou seja, Judas era um *ish kariot*, homem de Kariot, localidade situada na Judeia. Ou significa que Judas pertencia ao movimento armado, cujos militantes eram conhecidos como sicários por portarem adaga ou punhal.

Depois de Pedro, Judas é o apóstolo mais citado nos evangelhos (20 vezes). Ele administrava os recursos da comunidade de discípulos (*João* 13,29), da qual roubava (*João* 12,6). Seu nome sempre aparece por último na lista dos apóstolos.

Estes são os Doze que Jesus enviou em missão após dar a eles as seguintes instruções: "Não atuem entre os gentios nem entrem na Samaria; vão, primeiro, às ovelhas perdidas da casa de Israel. Por onde andarem, anunciem que o Reino dos Céus está próximo. Curem os doentes, ressuscitem os mortos, purifiquem os que têm doenças de pele, expulsem os demônios. Como receberam de graça, deem de graça!"

Jesus era um educador popular. Após escolher seus discípulos, os instruiu sobre o modo de agir.

Mateus escreveu seu relato evangélico visando a influenciar, prioritariamente, os judeus. Por isso sublinha que os militantes da causa do Reino não deveriam ir aos gentios e à Samaria. Gentios eram todos não judeus, como romanos, gregos e habitantes da Decápolis. E os habitantes da Samaria – província espremida entre a Galileia e a Judeia – tinham uma visão e uma prática do Judaísmo que não coincidia com a dos judeus da Judeia.

A essência da militância de Jesus era anunciar a proximidade do Reino dos Céus mediante a práxis libertadora dele e de seus discípulos. Como já observei, Mateus, como judeu, evitava pronunciar o nome de Deus. Daí utilizar a expressão "Reino dos Céus", enquanto os outros evangelistas falam em "Reino de Deus". A insistência na proximidade do Reino denota que, para Jesus e seus companheiros, o projeto da nova sociedade desejada por Deus não se situa do outro lado da vida. E sim deste lado, no terreno da história, e Jesus não fez outra coisa senão semeá-lo.

Quais os sinais do Reino de Deus que se contrapõem ao reino de César? São os sinais de vida: enfermos não são abandonados à própria sorte, mas dispõem de cuidados da saúde; os "mortos" – desanimados, desesperados, imobilizados pela ideologia dominante – "ressuscitam"; os portadores de transtornos mentais ou "demônios" merecem atenção etc. Tudo isso os militantes do

Movimento do Nazareno devem fazer sem nada cobrar, e jamais serem movidos pela ambição de dinheiro ou enriquecimento.

> "Não levem ouro, prata ou dinheiro no cinto, nem sacola para a viagem ou duas vestimentas, nem calçados ou bastão[117]. Porém, o operário merece o seu sustento. Nas cidades ou aldeias onde entrarem, informem se há alguém digno de recebê-los; fiquem ali. Ao entrar numa casa, saúdem: 'Paz a esta casa'. Se a casa merecer, a paz virá sobre ela; se não merecer, o voto de paz retornará a vocês. Se não receberem vocês e não derem ouvidos às suas palavras, quando saírem daquela casa ou daquela cidade sacudam até mesmo o pó de seus pés. Garanto a vocês: no Dia do Juízo haverá mais indulgência com Sodoma e Gomorra do que com aquela cidade"[118].

Jesus exigia despojamento de seus discípulos. Nada de acumular bens, embora "o operário mereça o seu sustento"; ou seja, devem levar vida digna, sem privação de alimentos e bens essenciais. Ao entrar numa cidade, cuidassem de sondar quem poderia hospedá-los sem hostilidade. Caso fossem rejeitados, deveriam, como expressou Paulo Vanzolini dois milênios depois, "levantar, sacudir a poeira e dar a volta por cima".

> "Envio vocês como ovelhas no meio de lobos. Sejam, portanto, prudentes como as serpentes e simples como as pombas. Tenham cuidado com as pessoas. Levarão vocês aos tribunais e às sinagogas para serem açoitados com varas. Por minha cau-

---

117. "A proibição de levar bastão simboliza a renúncia a toda violência, inclusive em defesa própria (cf. 5,39)" (Mateos; Camacho, 1993, p. 117).

118. Sodoma e Gomorra eram duas cidades situadas em um vale próximo ao Mar Morto. Foram duramente castigadas por Deus, conforme descrito em *Gênesis* 18 e 19. Embora muitos atribuam a elas pecados de promiscuidade sexual, hoje em dia a maioria dos estudiosos da Bíblia concorda que os maiores pecados foram negar hospitalidade aos visitantes e excessivo apego à propriedade (ganância).

sa, serão conduzidos à presença de governadores e reis: assim, darão testemunho a eles e aos pagãos. Quando forem presos, não se preocupem como e com aquilo que haverão de falar: naquele momento, serão inspirados no que deverão dizer. Porque não serão vocês que falarão, mas o Espírito do Pai falará em vocês. O irmão entregará seu irmão à morte. O pai, seu filho. Os filhos se levantarão contra os pais e os matarão. Muitos odiarão vocês por causa de meu nome, mas quem perseverar até o fim será salvo. Se os perseguirem numa cidade, fujam para outra. Garanto a vocês: não terminarão de percorrer as cidades de Israel antes que volte o Filho do Homem."

Ao continuar a instruir os discípulos, Jesus aconselhou-os a ficarem espertos como as serpentes e a terem a simplicidade das pombas. Realista, advertiu-os quanto às consequências adversas da militância: prisão, divisão na família, parentes delatando parentes.

Tudo isso vi acontecer durante os 21 anos de ditadura militar no Brasil[119]. Ao abraçar a luta por democracia, sabíamos dos riscos a serem enfrentados. E nos quatro anos de governo Bolsonaro (2019-2022) vimos como a polarização ideológica provocada pelo Gabinete do Ódio dividiu tantas famílias brasileiras, separou amigos, suscitou uma onda digital de infâmias e mentiras.

Mateus escreveu seu evangelho a comunidades cristãs que, nas décadas dos anos 70 e 80, sofriam intensa perseguição, acusadas por judeus legalistas de serem responsáveis pela destruição de Jerusalém ao provocarem o massacre perpetrado pelos romanos. E, pelos ocupantes romanos, eram acusadas de prestarem culto divino a um subversivo condenado à morte por César...

---

119. Cf. meus livros *Cartas da prisão* (Companhia das Letras); *Batismo de sangue* (Rocco) e *Diário de Fernando – Nos cárceres da ditadura militar brasileira* (Rocco).

Como sempre ocorre quando há perseguição política, as famílias se dividem, pai delata filho, irmão denuncia irmão.

> "O discípulo não é maior que o mestre, nem o empregado maior que o patrão. Basta ao discípulo ser tratado como seu mestre, e o empregado como seu patrão. Se chamaram de Belzebu o pai de família, quanto mais o farão às pessoas de sua casa! Não tenham medo, porque nada há de escondido que não venha à luz, nem de secreto que não se venha a saber. O que digo a vocês na intimidade, repitam às claras. O que digo ao ouvido, publiquem de cima dos telhados. Não temam aqueles que matam o corpo, mas não podem matar a alma; temam, antes, aqueles que podem precipitar a alma e o corpo na geena"[120].

Jesus exigia isonomia no tratamento das pessoas: assim como tratamos o mestre e o patrão, devemos tratar o discípulo e o empregado. Mas como é difícil dar importância a uma faxineira ou a um desempregado! A ideologia capitalista impregna a nossa mente de preconceitos. Classificamos as pessoas segundo os bens que ostentam. Vamos jantar em casa de amigos e sequer perguntamos o nome da cozinheira ou a cumprimentamos quando vem servir a mesa. Cobrimos de reverências os ricos e poderosos e de indiferença os subalternos condenados à invisibilidade.

---

120. Para designar inferno, Mateus usou a palavra "geena", que em hebraico é *ge-hinnom* e significa "vale de Bem-Enom", nome do vale a Oeste de Jerusalém utilizado como depósito de lixo. O chorume ali produzido e a fumaça tóxica dos resíduos queimados simbolizavam o castigo dos pecadores na eternidade. Jerusalém foi erguida sobre um monte. Em frente ao Templo, fica o Monte das Oliveiras. Entre os dois havia o leito seco do rio Cedron, no qual só corria água quando chovia. Este se juntava a outro leito seco, conhecido como Geena. Na junção dos dois leitos ficava o depósito de lixo de Jerusalém. Dali emanava o cheiro de putrefação, e quase sempre havia queima de lixo. Daí o terror provocado pela ideia de alguém ser atirado na Geena... (cf. *Isaías* 66,24; *Jeremias* 32,34ss).

Quando morei em Vitória (ES), conheci um sacerdote que, ao jantar na casa de uma família cristã abastada, jamais deixava de ir à cozinha conversar com os empregados. E ousava perguntar-lhes pelas condições de trabalho, quanto ganhavam, se tinham plano de saúde etc. O que, sem dúvida, causava grande constrangimento àqueles anfitriões que, como acentuou Jesus, dizem "Senhor, Senhor", mas "não fazem a vontade de meu Pai que está nos céus" (*Mateus* 7,21).

Jesus procurou livrar seus discípulos de ingenuidade. Se ele próprio foi chamado de demônio (Belzebu), quanto mais nós que o seguimos. Inútil querer agradar, simultaneamente, grandes e pequenos. Mas devemos manter a tranquilidade: as maracutaias sempre veem à luz! E não devemos ter medo dos que nos difamam, prendem, torturam ou matam, e sim de quem nos faz trair a causa dos pobres e os princípios evangélicos.

> "Não se vendem dois passarinhos por algumas poucas moedas? No entanto, nenhum cai por terra sem a vontade do Pai. Até os cabelos de suas cabeças estão todos contados. Não temam! Vocês valem bem mais que os pássaros. Portanto, quem der testemunho de mim diante dos homens também eu darei testemunho dele diante de meu Pai que está nos céus. Aquele, porém, que me negar diante dos homens, também eu o negarei diante de meu Pai que está nos céus."

Para exortar os primeiros cristãos a serem fiéis à causa do Reino, Mateus frisa que a vontade de Deus permeia toda a nossa vida. Muitas vezes não sabemos como nem por quê. É como olhar o risco do bordado pelo avesso do tecido. Por enquanto, vemos uma confusão de linhas entrecruzadas. Do outro lado da vida, veremos a harmonia do desenho. Por isso, não há que temer ser coerente ao assumir os valores evangélicos. Daí decorre o nosso mérito diante de Deus.

Mateus escreveu para uma comunidade cristã que dava os primeiros passos e em condições nada favoráveis, como perseguição acirrada, tanto por parte do Império Romano quanto do legalismo judaico, e os conflitos entre cristãos procedentes do Judaísmo com os que procediam do mundo pagão.

> "Não julguem que vim trazer a paz à Terra. Vim trazer, não a paz, mas a espada. Vim trazer divisão entre filho e pai, filha e mãe, nora e sogra. Seus inimigos serão pessoas da própria família. Quem ama seu pai ou sua mãe mais que a mim não é digno de mim. Quem ama seu filho mais que a mim não é digno de mim. Quem não toma a sua cruz e não me segue, não é digno de mim. Aquele que tentar salvar a sua vida, irá perdê-la. Aquele que a perder por minha causa, irá reencontrá-la."

Optar pelos valores do Reino – a defesa dos direitos dos pobres, a partilha das riquezas, o respeito ao meio ambiente etc. – é engajar-se na conflituosidade reinante nessa sociedade tão injustamente desigual. Assim era na Palestina de Jesus; assim é ainda hoje. Não há que ter ilusão: nossas opções haverão de provocar ódio, inclusive entre nossos próprios familiares. E se quisermos agradar mais as pessoas do que a Deus, haveremos de ser incoerentes, sem condições de fitar o próprio rosto no espelho.

"Perder" a vida consiste em imprimir um sentido altruísta solidário, generoso, entregá-la aos outros, às causas populares. Talvez isso nos faça perder privilégios e agrados, mas ganharemos em dignidade e autoestima.

Eis a advertência de Mateus às primeiras comunidades cristãs tão marcadas por divisões familiares, incompreensões, apegos. Nelas, judeus convertidos discriminavam os gentios convertidos e vice-versa. Uns e outros tinham dificuldade de romper com suas antigas práticas religiosas.

O evangelista exorta seus leitores a aceitar a conflituosidade da vida ("Vim trazer, não a paz, mas a espada") e a "tomar a cruz" no seguimento de Jesus. Assim darão pleno sentido às suas vidas.

> "Quem recebe vocês, a mim recebe. E quem me recebe, recebe Aquele que me enviou. Aquele que recebe um profeta na qualidade de profeta, receberá uma recompensa de profeta. Aquele que recebe um justo na qualidade de justo, receberá uma recompensa de justo. Todo aquele que, por ser meu discípulo, der um simples copo de água fresca a um pobre, eu garanto: haverá de ganhar sua recompensa."

Ao encerrar suas instruções, Jesus sacramentou os discípulos como continuadores de sua missão. E ressaltou que um simples gesto de amor e solidariedade, por menor que seja, não ficará sem mérito. E Mateus destaca que, em meio às perseguições, quem acolhe os cristãos perseguidos recebe o próprio Jesus, que com ele se identificou.

Jesus salientou que dar "um simples copo de água fresca a um pobre" é um ato de justiça. Toda a sua militância teve como foco a libertação dos pobres. E "a pobreza bíblica não é uma situação resultante de uma lei da natureza ou da vontade de YHWH (Javé). Ela é resultado da violência e da injustiça, e por isso é sentida como escândalo intolerável, sinal de maldição. Deus promete ao povo uma "terra boa e vasta, terra que emana leite e mel" (*Êxodo* 3,8), dotada de muitas riquezas (*Deuteronômio* 8,7-10), para que não haja pobres entre eles (*Deuteronômio* 8,7-10)"[121].

---

121. Oliveira, 2005, pp. 34-35. Cf. Comblin, 1989, p. 38.

Capítulo 11

> Após ter dado instruções aos doze discípulos, Jesus viajou para ensinar nas cidades daquela região.
> Da prisão, João ouviu falar da atuação de seu primo e mandou seus discípulos perguntarem: "É você aquele que há de vir, ou devemos esperar por outro?" Respondeu-lhes Jesus: "Voltem e narrem a João o que ouviram e viram: os cegos veem, os coxos andam, os doentes de pele são limpos, os surdos ouvem, os mortos ressuscitam, a proposta do Reino é anunciada aos pobres... Feliz aquele para quem eu não for motivo de escândalo!"

A fama de Jesus chegou à masmorra na qual o governador da Galileia, Herodes Antipas, prendera João. Pelo relato, sabemos que os discípulos do Batista podiam visitá-lo e, assim, o mantinham informado.

Os judeus esperavam, há séculos, a vinda do Messias que viria restaurar o reino de Davi. João ficou em dúvida se seu primo, Jesus, era o Messias aguardado. Os discípulos foram conferir. Jesus não respondeu sim ou não. A árvore se conhece pelos frutos. Preferiu que os enviados constatassem os sinais de libertação suscitados por sua militância. E que não ficassem escandalizados diante do que viram e ouviram. Resposta que ecoa como paráfrase de *Isaías* 61,1-2.

Mateus quis frisar para as comunidades cristãs primitivas, nas quais havia muitos judeus convertidos ao Movimento do Nazareno, que 1) Jesus era Messias esperado pelo povo judeu há séculos; 2) Seu Reino messiânico se manifesta por sinais de libertação, onde a vida digna é restaurada; 3) Nenhum cristão deve se importar com o fato de sua fé no Crucificado causar escândalo entre os não cristãos. Para quem não tem fé é difícil enxergar natureza divina em um "maldito" dependurado numa cruz por blasfêmia e subversão...

> Após os enviados retornarem, Jesus falou ao povo a respeito de João: "O que foram ver no deserto? Um caniço agitado pelo vento? O que viram? Um homem vestido com roupas luxuosas? Ora, os que andam com essas roupas vivem nos palácios dos reis. Então, por que foram até lá? Para encontrar um profeta? Sim, garanto a vocês, mais que um profeta. Sobre ele está escrito: 'Eis que envio meu mensageiro diante de você, para lhe preparar o caminho'[122]. Posso assegurar: entre os filhos de mulheres não surgiu outro maior que João Batista. No entanto, o menor no Reino dos Céus é maior do que ele."

Jesus ressaltou a figura de João como seu precursor. Como conhecia bem os textos do Primeiro Testamento, citou um versículo do profeta Malaquias e o aplicou a seu primo. Contudo, se João superou todos os profetas, no projeto do Reino o mais "insignificante" militante será considerado maior do que João.

Para se entender bem os textos evangélicos é preciso conhecer o contexto no qual foram escritos. Um simples versículo é como o diminuto brilho numa rocha que indica haver por trás uma vasta mina de ouro. É o caso do "caniço agitado pelo vento". Jesus exaltou a firmeza do Batista, que não se deixou agitar pelos ventos da conjuntura. E a imagem do caniço aparecia nas moedas cunhadas em Tiberíades por Herodes Antipas. Para Jesus, João era o oposto de Antipas, "que se inclina e se agita, reagindo aos ventos de Roma"[123].

> "Desde a época de João Batista até o presente, o Reino dos Céus é arrebatado à força, e são os violentos que o conquistam. Porque os profetas e a Lei

---

122. *Malaquias* 3,1.
123. Cf. Overman, 1999, p. 185.

tiveram a palavra até João. E, se vocês são capazes de compreender, ele é o Elias que devia vir. Quem tem ouvidos ouça."

Aqui a violência ressaltada por Jesus é a ruptura completa com a instituição conservadora do Templo de Jerusalém. E quem primeiro operou esta ruptura foi João Batista, o primeiro mártir do movimento iniciado pelo Nazareno. Este comparou o Batista a Elias, cuja fé popular esperava que ele retornasse.

Mateus exorta judeus e pagãos convertidos à proposta de Jesus a ter coragem de romper com o passado e assumir a causa do Reino de Deus ("são os violentos que o conquistam").

"A quem hei de comparar esta geração? É semelhante a meninos sentados nas praças e que gritam aos seus companheiros: 'Tocamos flauta e não dançam; cantamos lamentação e não choram'."

Jesus criticou a indiferença de seus contemporâneos. Flauta e dança eram próprias das festas de casamento. E as canções de lamentação, dos funerais. Frente à alegria e à tristeza, as pessoas não reagiam, permaneciam inertes.

Mateus se preocupava com a indiferença de muitos de seus conterrâneos, que não se deram conta da transcendente importância de Jesus e da causa do Reino de Deus dentro do reino de César.

"João veio; ele não bebia e não comia, e disseram: 'Está possuído pelo demônio'. O Filho do Homem vem, come e bebe, e dizem: 'É um comilão e beberrão, amigo de publicanos e devassos'. Mas a sabedoria foi justificada por seus filhos."

Jesus tinha uma espiritualidade distinta da de João Batista. Este valorizava a penitência, enquanto o Nazareno dava mais importância à solidariedade. Mas os dois eram igualmente criticados pela ortodoxia vigente: João, como endemoniado; Jesus, como devasso. O que comprova que é inútil se defender das críticas daqueles que se opõem ao nosso projeto de vida. Eles sempre inventarão argumentos para tentar nos desmoralizar.

> Em seguida, Jesus passou a censurar as cidades onde havia feito muitos milagres por terem recusado se arrepender: "Ai de ti, Corazim! Ai de ti, Betsaida! Porque se tivessem sido feitos em Tiro e Sidônia os milagres realizados no meio de vocês, há muito tempo elas se teriam arrependido sob cilício e cinza[124]. Por isso, afirmo: no Dia do Juízo haverá menor rigor para Tiro e Sidônia do que para vocês! E você, Cafarnaum, será elevada até o céu? Não! Será atirada no inferno! Porque, se Sodoma tivesse visto os milagres que foram feitos dentro dos seus muros, subsistiria até este dia. Por isso, digo: no Dia do Juízo haverá menor rigor para Sodoma[125] do que para você!"

Corazim ficava 3km ao norte de Cafarnaum; Betsaida, a cerca de dez quilômetros, na foz do rio Jordão. Os habitantes de ambas as cidades o rejeitaram e, por isso, Jesus considerou que tinham mais culpa do que as cidades pagãs de Tiro e Sidônia, hoje situadas no Líbano. No entanto, a indiferença dos habitantes de Cafarnaum lhe causava mais indignação, pois ali tinha pouso frequente na casa da família de Pedro.

Mateus destaca essas reações de indignação de Jesus porque os judeus daquelas cidades da Galileia permaneciam indiferentes aos prodígios operados. Além disso, na época em que Mateus escreveu seu relato evangélico, Corazim e Betsaida eram sedes de escolas rabínicas em que se ensinava a Lei; ou seja, academias teológicas onde se concentrava a intelectualidade religiosa judaica, que repudiava os judeus que haviam abraçado a proposta do Nazareno.

> Por aquele tempo, Jesus pronunciou estas palavras: "Eu te bendigo, Pai, Senhor do céu e da Terra, porque escondeste estas coisas aos sábios e entendidos e as revelaste aos pequenos. Sim, Pai, eu te bendigo, porque assim foi do teu agrado".

---

124. Cilício e cinza, símbolos do arrependimento.

125. Protótipo de cidade maldita.

Esta oração de Jesus reflete como ele pensava e entendia a sua militância. E Mateus a situa em seu relato evangélico exatamente após criticar a elite intelectual do Judaísmo. A gente simples tem mais condições de acolher a proposta do Reino do que os eruditos.

É estranho essa aclamação de Jesus não ter sido incluída entre as orações cotidianas dos cristãos, como o *Pai-nosso*. Ele manifestou seu louvor a Deus, criador do Universo, não por ter se manifestado a todos, mas justamente por ter ocultado sua revelação dos "sábios e entendidos" e revelado "aos pequenos". Não vale a pena "atirar pérolas aos porcos..." (*Mateus* 7,6). Deus quis manifestar-se primeiro aos pobres, aos excluídos. E Jesus repete a bendição "porque assim foi do teu agrado". E ainda há quem diga que Jesus não fez opção preferencial pelos pobres!

> "Todas as coisas me foram dadas por meu Pai; ninguém conhece o Filho, senão o Pai, e ninguém conhece o Pai, senão o Filho e aquele a quem o Filho quiser revelá-lo. Venham a mim todos que estão cansados de carregar o seu fardo, e eu darei a vocês descanso. Carreguem o meu fardo e aprendam de mim, porque sou manso e humilde de coração e vocês encontrarão descanso para suas vidas. Porque meu jugo é suave e meu peso é leve."

Mateus enfatiza a profunda identificação entre Jesus, o Filho, e Deus, o Pai/Mãe. Costumo dizer que minha fé não tem como fonte a crença em Deus, e sim a fé em Jesus. Jesus é quem nos revelou a verdadeira face de Deus, tão controvertida no Primeiro Testamento. O desafio maior, contudo, não é ter fé em Jesus, *é ter a fé de Jesus*.

Assim, a espiritualidade nos fortalece frente às adversidades da vida ou, como afirmou Jesus, o jugo se torna suave e o peso, leve (*Mateus* 11,28-30).

Mateus critica o legalismo judaico, jugo e peso para o povo, ao contrário da proposta amorosa de Jesus, leve e suave.

Capítulo 12

Num sábado, Jesus atravessava campos de trigo. Os discípulos, famintos, começaram a arrancar espigas para comê-las[126]. Ao ver aquilo, os fariseus disseram a Jesus: "Vemos que seus discípulos fazem o que é proibido no dia de sábado". Jesus retrucou: "Não leram o que fez Davi no dia em que teve fome, ele e seus companheiros, de como entrou na casa de Deus e comeu os pães da proposição? Ora, nem a ele nem àqueles que o acompanhavam era permitido comer aqueles pães reservados aos sacerdotes. Não leram na Lei que, nos dias de sábado, os sacerdotes transgridem, no Templo, o descanso do sábado e nem por isso são culpados? Saibam que aqui está quem é maior que o Templo. Se compreendessem o sentido destas palavras – 'Quero a misericórdia e não o sacrifício' –, vocês não condenariam os inocentes. Porque o Filho do Homem é senhor também do sábado".

Este episódio traduz bem a escala de valores de Jesus. O sábado simboliza o âmago da lei mosaica. Ela prescreve que não se deve trabalhar no sábado, dia de descanso. E colher alimentos era considerado trabalho. No entanto, os discípulos transgrediram a Lei e, diante da crítica legalista dos fariseus, Jesus tomou a defesa deles. Por quê? Por considerar que a vida humana e suas condições de subsistência, como a alimentação, estão acima de qualquer lei.

Jesus, hábil na argumentação, chamou seus acusadores de ignorantes ("nunca leram?") e evocou o que fez Davi (*1Samuel*

---

126. Grãos de trigo não são comidos crus. Após debulhar as espigas, os grãos são colocados de molho e depois cozidos. O que provavelmente os discípulos pretendiam fazer.

21,1ss), por quem os fariseus nutriam profunda veneração. Davi fez exatamente o que faziam os discípulos, porém de modo mais ousado: entrou no Templo e distribuiu a seus companheiros os pães da oferenda, reservados para serem destinados pelos sacerdotes a Javé (*Levítico* 24,5-9; *Números* 28,9-10). Seria o equivalente a repartir, hoje, o pão eucarístico aos que têm fome. Algo que causaria horror aos espíritos mais legalistas e "piedosos".

Mateus volta a citar o profeta Oseias (6,6), para quem a misericórdia – a empatia com quem passa necessidade – tem muito mais importância do que oferecer sacrifícios no Templo (ou, atualmente, prestar culto na igreja). A Lei proíbe trabalhos servis, mas não ações de misericórdia, como socorrer os famintos.

Como aos sábados havia muitas oferendas no Templo, os sacerdotes trabalhavam arduamente. A Lei do descanso não era observada. Por isso, Jesus disse "aqui está quem é maior que o Templo". Uma instituição religiosa não pode se sobrepor aos direitos do povo, como alimentação. Jesus deslocou o ápice da prática religiosa do Templo para o gesto de solidariedade ao próximo.

Durante a greve metalúrgica de 1980, no ABC paulista, o sindicato foi interditado pela polícia da ditadura. Dom Cláudio Hummes, então bispo da diocese de Santo André (SP), autorizou que se abrisse a igreja matriz de São Bernardo do Campo para que os metalúrgicos fizessem suas assembleias. Considerou que a luta por defesa da vida está acima da sacralidade do templo. O que causou indignação em uns tantos paroquianos.

> Ao partir dali, Jesus entrou na sinagoga. Encontrava-se lá um homem que tinha a mão seca. Alguém perguntou a Jesus: "É permitido curar no dia de sábado?" Isto para poder acusá-lo. Jesus respondeu: "Há alguém entre vocês que, tendo uma única ovelha, e ela cair num poço no dia de sábado, não irá procurá-la e retirá-la? Não vale uma pessoa muito

mais que uma ovelha? É permitido, portanto, fazer o bem no dia de sábado".
Disse, em seguida, ao homem: "Estende a mão". Ele a estendeu e ela se tornou sã como a outra.

Embora discordasse do legalismo do Judaísmo de sua época, Jesus não deixava de frequentar a sinagoga e, assim, cumprir suas obrigações religiosas. Mas, a cada passo, os fariseus colocavam uma casca de banana em seu trajeto. Procuravam fazê-lo cair em contradição.

Ora, Jesus usou um exemplo que mexe com o bolso. O legalismo religioso considerava a propriedade acima das pessoas, como hoje o capitalismo. Ora, se o dono de uma única ovelha não a abandonaria no fundo de um poço por ser sábado, quanto mais cuidar da saúde de um enfermo! Nenhuma lei pode se sobrepor à defesa do bem maior: a vida humana.

> Uma grande multidão o seguiu, e ele curou todos os doentes. Proibia-lhes formalmente falar disso para que se cumprisse o anunciado pelo profeta Isaías: "Eis o meu servo a quem escolhi, meu amado em quem minha alma pôs toda a sua afeição. Farei repousar sobre ele o meu Espírito e ele anunciará a justiça aos pagãos. Não discutirá, não gritará; ninguém ouvirá sua voz nas praças públicas. Não esmagará o caniço quebrado, nem apagará a mecha que ainda fumega, até que faça triunfar a justiça. Em seu nome as nações pagãs depositarão sua esperança" (*Isaías* 42,1-4).

Mateus cita Isaías porque foi este profeta que inspirou o evangelista a traçar o perfil de Jesus retratado em seu evangelho: filho amado de Deus (3,17; 4,3; 11,25-27), servo do Senhor (8,17; 11,50); ungido pelo Espírito Santo (3,16); e trazia a graça de Deus aos pagãos (8,53). E embora operasse prodígios, Jesus descartou[127] qualquer reconhecimento público.

---

127. Cf. Hahn; Mitch, 2014, p. 71.

Apresentaram-lhe, em seguida, um possesso cego e mudo. Jesus o curou, de modo que passou a falar e a enxergar. As pessoas, admiradas, diziam: "Não será este o filho de Davi?" Ao escutar isso, os fariseus reagiram: "É por Belzebul, chefe dos demônios, que os expulsa!"

Jesus, porém, ciente do que as autoridades pensavam dele, disse: "Todo reino dividido contra si mesmo será destruído. Toda cidade ou toda casa dividida contra si mesma não pode subsistir. Se Satanás expulsa Satanás, então fica dividido contra si mesmo. Como, então, subsistirá o seu reino? E se expulso os demônios por Belzebul, por quem os filhos de vocês os expulsam? Por isso, eles mesmos serão seus juízes. Mas se é pelo Espírito de Deus que expulso os demônios, então chegou para vocês o Reino de Deus.

Como pode alguém entrar na casa de um homem forte e roubar-lhe os bens sem ter, primeiro, amarrado este homem forte? Só então pode roubar a casa. Quem não está comigo está contra mim; e quem não junta comigo, espalha. Por isso, afirmo: todo pecado e toda blasfêmia serão perdoados aos homens, mas a blasfêmia contra o Espírito não será perdoada. Todo aquele que falar contra o Filho do Homem será perdoado. Se, porém, falar contra o Espírito Santo, não alcançará perdão nem neste mundo, nem no vindouro".

Mateus contrapõe a cura do cego à cegueira dos fariseus, que tinham visão, mas não enxergavam. Por isso, por temer que o povo reconhecesse em Jesus o esperado Messias, os fariseus o acusaram de agir movido pelo diabo. Ora, isso era uma antinomia, pois como Jesus poderia expulsar demônios em nome do demônio? Só subjugando as forças do mal ele poderia erradicá-las. E Mateus sugere que Jesus "amarrou o homem forte" e pôs Satanás para correr.

O pecado contra o Espírito Santo consiste em atribuir ao demônio o que é obra de Deus[128].

"Se vocês plantarem uma árvore boa, o fruto será bom; se for uma árvore má, o fruto será mau, porque é pelo fruto que se conhece a árvore. Raça de víboras, se vocês são maus, como podem dizer coisas boas? Porque a boca fala do que transborda do coração. O homem de bem tira boas coisas de seu tesouro. O mau, porém, tira coisas más. Afirmo a vocês: no Dia do Juízo os homens prestarão contas de toda palavra vã que tiverem proferido. É por suas palavras que serão recompensados ou condenados."

A prática é o critério da verdade, diz o ditado. Deveríamos sempre desconfiar dos belos discursos e avaliar as pessoas pelo testemunho de vida que dão. Afinal, a cabeça pensa onde os pés pisam. Dificilmente uma pessoa acostumada ao mundo da elite fará de sua vida uma defesa dos direitos dos pobres.

Jesus criticou duramente os fariseus, chamou-os de "serpentes venenosas" e "maus". E denunciou-os por "palavras vãs".

Então, alguns escribas e fariseus tomaram a palavra: "Mestre, gostaríamos de vê-lo fazer um milagre". Jesus reagiu: "Esta geração adúltera e perversa pede um sinal, mas não lhe será dado outro sinal do que aquele do profeta Jonas. Do mesmo modo que Jonas esteve três dias e três noites no ventre do peixe, assim o Filho do Homem ficará três dias e três noites no seio da Terra. No Dia do Juízo, os ninivitas se levantarão com esta geração e a condenarão porque fizeram penitência quando ouviram Jonas pre-

---

128. "Mas os que, sabendo, chamam obra diabólica a libertação do homem, quando uma das linhas mestras do AT é que Deus liberta da opressão e se põe em favor do pobre e oprimido. Não tem perdão, porque por interesses bastardos defendem o contrário do que sabem. O próprio Israel teve a sua origem na ação libertadora de Deus, mas agora seus dirigentes se opõem a toda ação libertadora. São eles que usam de violência contra o reinado de Deus (cf. 11,12; 12,14)" (Mateos; Camacho, 1993, p. 143).

gar. Ora, aqui está quem é maior do que Jonas. No Dia do Juízo, a rainha de Sabá[129] se levantará com esta geração e a condenará porque veio das extremidades da Terra para ouvir a sabedoria de Salomão. Ora, aqui está quem é maior do que Salomão".

Qual o "sinal de Jonas"? Toda a população de Nínive, uma cidade pagã[130], acolheu a mensagem de esperança de Jonas e fez penitência. No entanto, as lideranças judaicas não acolheram "quem é maior do que Jonas".

Fariseus e escribas queriam pôr Jesus à prova. Pediam que fizesse um milagre, desse um sinal. Mas o Nazareno já tinha dado demasiados sinais para atestar que era o Messias, mais do que Jonas e a rainha de Sabá.

Na travessia do deserto, o povo de Israel perdeu a confiança em Deus (*Deuteronômio* 1,35). Javé jurou que aquela "geração má" haveria de morrer no deserto (*Números* 14,21-23). Jesus considerou que os fariseus tinham posição análoga ao povo do êxodo e, portanto, não mereciam um "sinal", pois a intenção deles não era acreditar nele, e sim assassiná-lo.

O sinal maior seria a ressurreição. E Mateus faz um paralelo entre a "ressurreição" de Jonas, salvo do ventre de um peixe (*Jonas* 1–4) e a de Jesus.

> "Quando o espírito impuro sai de um homem, fica errante por lugares áridos à procura de um repouso que não acha. Diz ele então: 'Voltarei para a casa de onde saí'. E, ao voltar, encontra-a vazia, limpa e enfeitada. Assim, busca sete outros espíritos piores que ele, e entram naquela casa e ali permanecem; e o último estado daquele homem torna-se pior que o primeiro. Tal será a sorte desta geração perversa."

---

129. Sabá seria um reino situado no Sul da península arábica e a Leste da África, abrangendo os atuais Etiópia e Iêmen.

130. Nínive ficava na margem oriental do rio Tigre, na antiga Assíria, hoje Iraque. Atualmente existe ali a cidade moderna de Mossul.

Mateus faz aqui uma crítica à recusa de o legalismo fariseu aceitar Jesus como Messias.

> Jesus falava ainda ao povo, quando chegaram sua mãe e seus irmãos. Esperaram do lado de fora a ocasião de abordá-lo. Alguém avisou: "Sua mãe e seus irmãos estão aí fora, e querem falar com você". Jesus retrucou: "Quem é minha mãe e quem são meus irmãos?" E, ao apontar seus discípulos, acrescentou: "Eis aqui minha mãe e meus irmãos. Todo aquele que faz a vontade de meu Pai que está nos céus, esse é meu irmão, minha irmã e minha mãe".

Como explico no estudo sobre o *Evangelho de Marcos*[131], tudo indica que José já havia morrido quando Jesus iniciou sua militância. Os relatos de Marcos e Mateus comprovam que ele tinha irmãos e irmãs[132]. O que é aceito pela tradição protestante, mas não pela católica, que considera esses "irmãos e irmãs" parentes próximos ou primos.

Por que os parentes de Jesus foram chamá-lo? Sem dúvida, porque deram ouvidos à versão das autoridades de que ele havia ficado louco, "possuído pelo demônio", desobediente às leis mosaicas.

A reação de Jesus não foi de desprezo pela família. Ele quis acentuar que, entre as pessoas, laços de ideais e princípios unem mais que os de sangue. Por isso, apontou seus discípulos, que formavam com ele a comunidade familiar dos que estavam dispostos a abraçar o projeto do Reino de Deus. O laço de união de quem se agrupa por objetivos comuns é mais forte que o vínculo de parentesco, como se sabe.

---

131. Cf. meu *Jesus militante – Evangelho e projeto político do Reino de Deus*. Petrópolis: Vozes, 2022.

132. "Irmãs que não são nomeadas por causa da pouca importância que se dava à mulher" (Pagola, 2013, p. 66).

Capítulo 13

Certo dia, Jesus, ao sair de casa, se sentou à beira do lago da Galileia. Aproximou-se dele tanta gente que precisou entrar numa barca. Nela se acomodou, enquanto as pessoas ficaram de pé na margem do lago. E proferiu uma série de parábolas.
Disse ele: "Um semeador pôs-se a semear. E, ao fazê-lo, parte da semente caiu ao longo do caminho; os pássaros vieram e a comeram. Outra parte caiu em solo pedregoso, onde não havia muita terra; e brotou logo, pois a terra era pouco profunda. Logo que o sol nasceu, queimou a muda por falta de raízes. Outras sementes caíram entre os espinhos: eles cresceram e as sufocaram. Outras, enfim, caíram em terra boa: deram frutos, cem por um, sessenta por um, trinta por um. Aquele que tem ouvidos, ouça"[133].
Os discípulos aproximaram-se dele e indagaram: "Por que fala ao povo em parábolas?" Respondeu Jesus: "Porque a vocês é dado compreender os mistérios do Reino dos Céus, mas a eles não. A quem tem lhe será dado e terá em abundância, mas ao que não tem, será tirado até mesmo o que possui. Eis por que falo a eles em parábolas: para que, vendo, não vejam e, ouvindo, não ouçam nem compreendam. Assim se cumpre o que foi dito pelo profeta Isaías: 'Ouvireis com vossos ouvidos e não entendereis; olhareis com vossos olhos e não vereis, porque o coração deste povo se endureceu: taparam os ouvidos e fecharam os olhos, para que seus olhos

---

133. "[...] a parábola do semeador revela um pouco da vida dos camponeses e camponesas da Palestina no tempo de Jesus. As terras que estavam nas mãos dos camponeses constituíam-se, praticamente, de terra árida, pedregosa, difícil para o plantio, sobretudo de trigo, elemento básico para a alimentação diária do povo" (CNBB, 1998, p. 12).

não vejam e seus ouvidos não ouçam, nem seu coração compreenda; para que não se convertam. Assim eles não podem ser curados'[134]. Mas vocês são felizes, porque seus olhos veem e seus ouvidos ouvem! Posso assegurar a vocês: muitos profetas e justos desejaram ver o que veem e não viram, ouvir o que ouvem e não ouviram".

"Ouçam, portanto, o sentido da parábola do semeador: quando um homem ouve a palavra do Reino e não a entende, o maligno vem e arranca o que foi semeado no seu coração. Este é aquele que recebeu a semente à beira do caminho. O solo pedregoso em que ela caiu é aquele que recebe com alegria a palavra, mas não tem raízes, é inconstante, e frente a uma tribulação ou perseguição por causa da palavra, logo desanima. O terreno que recebeu a semente entre os espinhos representa aquele que ouviu bem a palavra, mas nele as ocupações mundanas e a sedução das riquezas a sufocam e a tornam infrutífera. A terra boa semeada equivale àquele que ouve a palavra e a compreende. Este, com certeza, produz frutos. Um dá cem, outro sessenta e outro trinta por um."

O capítulo 13 de Mateus reúne as chamadas Parábolas do Reino. São sete ao todo. Por esse método pedagógico de analogia ou metáfora, típico da linguagem popular – o que nos permite afirmar que Jesus foi precursor de Paulo Freire –, o Nazareno descrevia o que significa ser militante do Reino e em que consiste o Reino de Deus, que se contrapõe ao reino de César e a todos os regimes amparados na opressão para assegurar os privilégios dos opressores.

As parábolas retratam cenários triviais para ressaltar valores essenciais. São "causos" tirados da vida cotidiana, apresentados de modo a nos fazer refletir. Este o objetivo da parábola[135]. O nú-

---

134. *Isaías* 6,9ss.

135. Cf. meu livro *Parábolas de Jesus – Ética e valores universais*. Petrópolis: Vozes, 2017.

cleo original de algumas parábolas já fazia parte da cultura mediterrânea, e transparecia tanto na cultura judaica quanto romana. Quintiliano, orador romano do século II, escreveu: "Se quiseres dizer que a mente precisa ser cultivada, deves usar uma comparação com o solo que, quando negligenciado, produz espinhos e sarças, mas quando cultivado produz uma safra"[136].

A proposta do Reino nos foi dada: está nos evangelhos. Agora, cada um de nós a recebe da sua maneira, como acontece com todas as propostas de caráter libertador, como explicou Jesus aos discípulos.

> Jesus narrou outra parábola: "O Reino dos Céus é semelhante a um homem que havia semeado boa semente em seu campo. De madrugada, veio o inimigo, semeou joio no meio do trigo e partiu. O trigo cresceu e deu fruto, mas apareceu também o joio. Os servos, então, disseram ao patrão: 'O senhor não semeou trigo bom em seu campo? Donde procede o joio?' Opinou ele: 'Foi um inimigo que fez isso!' Replicaram-lhe: 'Quer que o arranquemos?' 'Não', disse ele, 'ao arrancar o joio há o risco de tirar também o trigo. Deixa-os crescer juntos até a colheita. No tempo da colheita, direi aos ceifadores: arranquem primeiro o joio e o atem em feixes para queimar. Recolham depois o trigo no meu celeiro'"[137].

O joio (*Lolium temulentum*) é uma planta tóxica, prejudicial à saúde humana, e se assemelha ao trigo. Jesus, realista, advertiu que a proposta do Reino é conduzida em meio às contradições. E

---

136. *Institutio oratoria* 5.11,24.

137. É possível que Mateus tenha criado esta parábola inspirado por este texto de Plutarco, contemporâneo do autor do evangelho: "Julgo, de fato, que tal como é difícil separar do trigo as sementes selvagens, que por terem tamanho e aspecto semelhantes com ele se misturam (pois ou não caem, de igual forma, pelo crivo mais estreito, ou então caem em conjunto pela malha larga), do mesmo modo a adulação, que se insinua em toda emoção, em qualquer atitude, necessidade ou hábito, é difícil distinguir da amizade" (*Como distinguir um bajulador de um amigo*, 4).

devemos saber conviver com elas, sem ceder ao fundamentalismo. E respeitar os que não pensam como nós.

Mateus estava preocupado com os cristãos sectários, impacientes com quem discordava deles.

> Em seguida, contou mais uma parábola: "O Reino dos Céus é comparado a um grão de mostarda que um homem toma e semeia em seu campo. É esta a menor de todas as sementes. Mas, quando cresce, torna-se um arbusto maior do que todas as hortaliças, de sorte que os pássaros vêm pousar em seus ramos".

Jesus sempre enfatizou que a implantação do Reino é um processo, demanda tempo. Às vezes se inicia por algo aparentemente insignificante: uma cooperativa, um sindicato, uma associação ou ONG, uma Comunidade Eclesial de Base e, aos poucos, o movimento cresce e é capaz de mudar a realidade de uma cidade ou país. Esses movimentos são o "grão de mostarda" que, mais tarde, se transforma em árvore frondosa. E assim como o camponês semeia e aguarda o tempo necessário para colher os frutos, muitas vezes não sabemos explicar o processo de germinação[138] e devemos ter paciência histórica para se obter os resultados de uma ação política.

Na etapa inicial de minha militância, achei que meu tempo pessoal coincidiria com meu tempo histórico. Haveria de ver o Brasil livre de opressões. Depois, na prisão me dei conta de que não haverei de participar da colheita, mas faço questão de morrer semente...

Jesus poderia ter utilizado a imagem de uma árvore mais frondosa que a mostardeira, como a palmeira, a figueira ou o grandioso cedro do Líbano. Preferiu, porém, o grão de mos-

---

[138]. No tempo de Jesus, o agricultor não tinha conhecimento do processo orgânico ou biológico de germinação da planta. Considerava-a um "milagre", dádiva de Deus.

tarda, do tamanho de uma cabeça de alfinete, embora gere um arbusto de três ou quatros metros. Em abril os pintassilgos se juntam ali para comer seus grãos e os pássaros constroem ninhos em seus galhos.

> Contou, por fim, esta outra parábola: "O Reino dos Céus é comparado ao fermento que uma mulher toma, mistura em três medidas de farinha e faz fermentar toda a massa".
> Tudo isso disse Jesus ao povo em forma de parábola. Assim falava para que se cumprisse a profecia: "Abrirei a boca para ensinar em parábolas; revelarei coisas ocultas desde a Criação"[139].

"Três medidas de farinha" correspondem a 42 quilos[140]. Muita farinha para pouco fermento. Jesus quis ressaltar que a atuação dos militantes do Reino, ainda que sejam numericamente insignificantes, é capaz de produzir grandes resultados.

Vale notar a questão de gênero: primeiro Mateus nos relata o trabalho de um homem, semear. Em seguida, o trabalho de uma mulher, fermentar a massa.

Jesus sempre comparava a presença dos discípulos ao fermento na massa. É possível que soubesse cozinhar ou, ao menos, teria ajudado quem o fizesse, como Maria. A proposta do Reino equivale a uma iniciativa que, dentro da velha ordem social, é capaz de, aos poucos, torná-la nova.

Esta parábola do fermento possui apenas um versículo (13,33). E em nenhum momento aparece a palavra pão. Jesus quis ressaltar como se dá o processo de feitura do pão; ou seja, valorizar o trabalho da mulher-padeira e associar o crescimento do fermento na massa ao do Reino implantado na sociedade por meio de iniciativas inovadoras de partilha como, hoje em dia, a economia solidária.

---

139. *Salmo* 77,2.

140. Cf. Mateos; Camacho, 1993, p. 156.

> Após despedir a multidão, Jesus entrou de novo em casa, os discípulos se agruparam ao redor dele e pediram: "Explica-nos a parábola do joio no campo". Jesus explicou: "O que semeia a boa semente é o Filho do Homem. O campo é o mundo. A boa semente são os militantes do Reino. O joio são os militantes do Maligno. O inimigo que o semeia é o demônio. A colheita é o fim do mundo. Os ceifadores são os anjos. E assim como se recolhe o joio para jogá-lo no fogo, assim será no fim do mundo. O Filho do Homem enviará seus anjos, que retirarão de seu Reino todos os que produzem escândalos e fazem o mal, e os lançarão na fornalha ardente, onde haverá choro e ranger de dentes. Então, no Reino de meu Pai, os justos resplandecerão como o sol. Aquele que tem ouvidos, ouça".

Esta última expressão – "resplandecerão como o sol" – foi evidentemente tomada do Primeiro Testamento (*Deuteronômio* 10,6): "...seu rosto como o relâmpago..." E "fornalha ardente" se refere a Daniel e seus companheiros atirados à fornalha ardente pelo rei Nabucodonosor (*Daniel* 3,6.15.17.20.23.26).

O "fim do mundo" ao qual Jesus se referia não é o desaparecimento da Terra ou do Universo, e sim o fim do mundo de opressão e injustiça.

> "O Reino dos Céus é também semelhante a um tesouro escondido num campo. Um homem o encontra, mas o esconde de novo. E, cheio de alegria, vende tudo o que tem para comprar o campo."
> "O Reino dos Céus é, ainda, semelhante a um negociante que procura pérolas preciosas. Ao encontrar uma de grande valor, vende tudo o que possui e a compra."

Ainda hoje há caçadores de tesouros. No período colonial brasileiro, uma arca repleta de ouro e diamantes era, anualmente, levada de Diamantina (MG) para Portugal. Consta que escravos participantes da comitiva teriam roubado o tesouro, que nunca foi encontrado. Um italiano adquiriu uma fazenda naquela região de Minas motivado por indícios de que naquelas terras estaria enterrada a arca desaparecida.

Porém, o que Jesus quis enfatizar é que, quando se abraça um projeto de vida solidário, vale a pena assumir todos os sacrifícios para realizá-lo, inclusive se despojar dos bens materiais.

> "O Reino dos Céus é semelhante ainda a uma rede que, jogada ao mar, recolhe peixes de toda espécie. Quando está repleta, os pescadores puxam-na para a praia, sentam-se e separam nos cestos o que é bom, e jogam fora o que não presta. Assim será no fim do mundo: os anjos virão separar os maus do meio dos justos e os atirarão na fornalha, onde haverá choro e ranger de dentes."
> "Vocês compreendem tudo isso?" "Sim, Senhor", responderam os discípulos. "Por isso, todo escriba instruído nas coisas do Reino dos Céus é comparado a um pai de família que tira de seu tesouro coisas novas e velhas."

Essa parábola retrata a familiaridade de Jesus com a pesca – ofício de vários de seus discípulos – e a cultura apocalíptica, tão influente na Palestina de seu tempo, e que reforçava a crença de que haverá um Juízo Final, no qual os bons serão recompensados e os maus condenados.

Os escribas eram, no Judaísmo, os que interpretavam as Escrituras, os teólogos da época de Jesus. O tesouro que contém "coisas novas e velhas" são os novos relatos sobre Jesus (as "coisas novas") e os livros do Primeiro Testamento (as "coisas velhas").

> Após narrar as parábolas, Jesus partiu. Foi para a sua cidade ensinar na sinagoga, de modo que todos diziam, admirados: "Donde lhe vem esta sabedoria e esta força miraculosa? Não é ele o filho do

> carpinteiro? Não é Maria sua mãe? Não são seus irmãos Tiago, José, Simão e Judas? E suas irmãs, não vivem todas entre nós? Donde lhe vem, pois, tudo isso?" E não sabiam o que dizer dele. Disse-lhes, porém, Jesus: "Somente em sua pátria e em sua família que um profeta é menosprezado". E, por causa da falta de confiança deles, operou ali poucos milagres.

Aqui "sua cidade" se refere a Nazaré, na Galileia. E as sinagogas, em todas as cidades e aldeias, eram o centro comunitário no qual o povo se reunia.

A narrativa de Mateus confirma que Jesus era filho de Maria e José. Este exercia o ofício de carpinteiro, na época considerado um mestre de obras. E tinha irmãos; ou seja, Maria teve outros filhos, cujos nomes são citados: Tiago, José, Simão e Judas. Devido à cultura patriarcal, Mateus omitiu os nomes das irmãs. O *Evangelho de Marcos* também confirma que Jesus tinha irmãs (6,3).

Em Nazaré todos o conheciam. Um mero "filho de carpinteiro"... Por isso ficaram surpresos ao vê-lo dotado de tanta sabedoria. Como não podiam atribuir a Deus o que ele fazia, suspeitaram de magia. Mateus registra que, ali, ele foi "menosprezado". É o atual ditado: santo de casa não faz milagres...

Por trabalhar há tantos anos junto a movimentos populares, vejo com frequência pessoas da academia – ou seja, de nível universitário – exclamarem, surpresas, diante de um líder sindical ou dirigente dos sem-terra que encerra uma palestra ou entrevista: "Como é inteligente!" Expressão que nunca usam quando termina a fala de um professor...

Capítulo 14

Por aquela época, o tetrarca[141] Herodes[142], governador da Galileia, ouviu falar da fama de Jesus. E disse a seus oficiais: "É João Batista que ressuscitou. Por isso faz tantos milagres."
De fato, Herodes havia mandado prender e acorrentar João por causa de Herodíades, esposa de seu irmão[143]. João havia dito a ele: "Não lhe é permitido tomá-la por mulher!"[144]
Por sua vontade, o mandaria matar; temia, porém, o povo, que considerava João um profeta.
Na festa de aniversário de Herodes, a filha de Herodíades[145] dançou no meio dos convidados e agradou o governador. Por isso, ele jurou dar a ela tudo o que pedisse. Por sugestão de sua mãe, ela respondeu: "Entregue-me aqui, num prato, a cabeça de João Batista".

---

141. Herodes Antipas era tetrarca porque governava um dos quatro territórios do Império Romano na Palestina.

142. Herodes Antipas, filho de Herodes, o Grande, governou a Galileia e a Pereia de 4 a.C. a 39 d.C.

143. O primeiro marido de Herodíades também se chamava Herodes e era irmão, por parte de pai, de Herodes Antipas. O tetrarca Filipe, também irmão de Herodes Antipas, se casou com Salomé, filha do primeiro casamento de Herodíades.

144. A lei mosaica proíbe a união de um homem com a mulher de seu irmão enquanto este ainda estiver vivo (*Levítico* 18,16; 20,21).

145. Nenhum dos evangelhos diz que a moça se chamava Salomé. Sabemos disso por meio do historiador judeu Flávio Josefo, do século I.

> O rei se entristeceu, mas como havia jurado diante dos convidados, ordenou que a atendessem e mandou decapitar João na cela que ocupava na prisão[146].
> A cabeça foi trazida num prato e entregue à moça, que a repassou à sua mãe.
> Vieram, em seguida, os discípulos de João para retirar o seu corpo e enterrá-lo. Depois, foram dar a notícia a Jesus.

Este relato demonstra muito bem o contexto da militância de João Batista e de Jesus. Herodes Antipas mandou prender João porque o criticou por ter abandonado a esposa e se casado com a cunhada, Herodíades, até então esposa de Filipe, irmão do governador. A mulher passou a odiar João. E não satisfeita com a prisão do Batista, induziu a filha, Salomé, nascida de seu primeiro casamento, a pedir a cabeça do prisioneiro. Herodes Antipas ficou contrariado com o pedido por razões políticas, pois João era considerado um profeta pelo povo. Contudo, "palavra de rei não volta atrás" e realizou o desejo da mulher.

João não foi assassinado apenas por razões morais. Pesaram as razões políticas. Flávio Josefo sublinha que ele morreu de modo semelhante ao de Jesus, acusado de "sedição"[147]. "Herodes temia que a eloquência de João levasse à sedição as multidões que o seguiam, pois 'todos pareciam dispostos a fazer qualquer coisa que esse homem aconselhasse'"[148].

A narrativa comprova também que na Palestina do século I acreditava-se na reencarnação, tanto que os oficiais do governador julgaram que Jesus era João Batista ressuscitado.

> Ao receber a notícia do assassinato de João, Jesus entrou numa barca e se retirou para um lugar de-

---

146. "Herodes mandou matar João porque temia que suas palavras levassem a alguma forma de revolta" (Overman, 1999, p. 237).

147. *Antiguidades*, XVIII,118.

148. Cf. Overman, 1999, p. 174.

serto. Mas o povo soube e o seguiu a pé. Ao desembarcar, Jesus viu aquela gente, moveu-se de compaixão e curou os doentes.

Jesus certamente se deixou abater com a notícia do assassinato de seu primo, como todos nós quando perdemos um ente querido. Além de parente, foi João quem o iniciou na via que o afastou progressivamente do legalismo judaico e o fez abraçar a militância de implantação do Reino de Deus dentro do reino de César.

Caía a tarde. Agrupados em volta de Jesus, os discípulos disseram-lhe: "Este lugar é deserto e a hora é avançada. Despede esta gente para que compre alimentos na aldeia". Jesus, porém, respondeu: "Não é necessário: vocês mesmos deem a eles de comer". "Mas", disseram eles, "não temos aqui mais que cinco pães e dois peixes". "Tragam aqui", disse Jesus. Então, mandou o povo se sentar na relva. Tomou os cinco pães e os dois peixes, elevou os olhos ao céu e os abençoou. Em seguida, partiu os pães, deu-os a seus discípulos para distribuírem ao povo. Todos comeram e ficaram saciados. E com os pedaços que sobraram, encheram doze cestos. Ora, se encontravam ali aproximadamente cinco mil homens, sem contar mulheres e crianças[149].

---

149. "Penso que Jesus ficou inconformado com a fome que vê por toda parte. Uma fome endêmica, não casual. Fome no sentido de não saber se vai conseguir se alimentar adiante, alimentar-se sempre precariamente. Jesus quer, num primeiro impulso, remediar o que lhe deve ter parecido uma situação insustentável. A primeira questão, a mais urgente, é conseguir saciar a fome endêmica do povo. Não a fome casual de quem está fora de casa e não tem onde arranjar comida, mas a fome dos que passam necessidade a vida toda. A tarefa é urgente. A fome não conhece espera. A religião dos famintos tem como sinal primeiro e principal a mesa farta, o pão, o vinho, a 'eucaristia' (agradecimento) na hora em que pão e vinho aparecem na mesa. A fome do povo constitui a primeira urgência, a mais imediata, que leva Jesus a agir. Eis o contexto em que ele sai do anonimato e se pronuncia diante da sociedade. Jesus se preocupa em dar de comer ao povo, a comida simples de todos os dias: pão e peixe. Ele constata a alegria que toma conta das pessoas quando a comida aparece na mesa. Os judeus gritavam: 'eucaristia'" (Hoornaert, 21/03/2023).

A festa no palácio de Herodes, em Tiberíades, que culminou no assassinato de João Batista, foi o banquete da morte. Este encontro de Jesus com o povo faminto, o banquete da vida.

Vale a pena prestar atenção na diferença de enfoques dos discípulos e de Jesus. Diante da necessidade concreta e imediata do povo (a fome), eles propuseram a solução mais cômoda: despedir as pessoas para que fossem comprar alimentos. É a mesma postura daqueles que consideram que a Igreja nada tem a ver com a defesa de direitos humanos, como segurança alimentar, moradia, saúde, educação, saneamento etc. Querem uma Igreja voltada "às coisas espirituais", como se vissem por aí espíritos sem corpos...

Jesus foi enfático: nada de despedir o povo faminto! Ordenou que os discípulos "dessem de comer", assumissem a necessidade física e material daquela gente. Os discípulos sugeriram "comprar", Jesus sugeriu "dar", compartilhar. Uma outra ótica econômica.

Os discípulos constataram que havia ali "cinco pães e dois peixes". Como já vimos, na Bíblia os números têm caráter simbólico: 5 + 2 = 7 significa "muitos" ou "infinito", como na nossa matemática o 8 deitado ∞. Havia muitos pães e peixes. E no final do relato somos informados de que se encontravam ali "cinco mil homens, sem contar mulheres e crianças".

Ora, o que acontece quando milhares de pessoas se reúnem em uma praça, uma manifestação, uma comemoração? Surgem em volta vendedores ambulantes que oferecem todo tipo de comidas e bebidas. No tempo de Jesus, não era diferente. A diferença é que não havia carrinhos, os alimentos eram transportados em cestos. E a prova de que os pães e os peixes eram em grande quantidade é a informação de que, ao final, "com os pedaços que sobraram, encheram doze cestos". Se doze foram os cestos que recolheram as sobras, então é sinal de que havia muito mais cestos portando iguarias.

Alguém poderia objetar que nego a multiplicação dos pães e dos peixes. Sim, nenhum dos outros evangelistas que narram o episódio – *Marcos* (6,32-44; 9,1-17), *Lucas* (9,10-17) e *João* (6,1-5) – falam em "multiplicação"[150]. Este substantivo feminino só aparece em algumas edições dos evangelhos como intertítulo para facilitar a leitura do texto. No original grego, não há intertítulo nem numeração de capítulos e versículos.

Então não houve milagre? De multiplicação não! Seria um milagre de acréscimo ou adição: havia cinco pães e dois peixes e Jesus, com seu poder divino, os teria transformado em milhares de pães e peixes.

Ora, isso seria mágica. Tomaria os cinco pães e os dois peixes, "abracadabra!", e eis uma padaria de um lado e uma peixaria do outro! Jesus nunca encontrou um homem sem braço e feito aparecer no corpo dele o membro perfeito. Em todos os milagres a base material está presente – o olho cego, a mãe seca, o corpo morto de Lázaro etc.

Não nego o milagre, nego a mágica. O que é milagre? É o poder de Deus de alterar o rumo natural das coisas. Foi o que fez Jesus: levou aqueles mercadores, que traziam seus cestos abastecidos, a partilhar os alimentos com o povo. Deus tocou o coração dos vendedores ambulantes, e os bens que portavam deixaram de ter valor de troca para ter valor de uso.

Mateus repete este episódio no capítulo 15[151]. O evangelista insiste em frisar que diante da fome do povo Jesus não ficou

---

150. A partilha dos pães tem analogia no Primeiro Testamento (*2Reis* 4,42-44), quando o profeta Eliseu alimentou 100 homens com 20 pães.

151. Omito no capítulo 15 a nova transcrição do relato da partilha dos pães e dos peixes.

indiferente à questão social. Tratou de tomar iniciativas para que ficassem saciados. Naquele dia, ele fez um ensaio do Reino, plantou a semente do que seria a futura sociedade querida por Deus, na qual a partilha dos bens impeça que haja ricos e pobres, opressores e oprimidos.

> Logo depois, Jesus mandou os discípulos entrarem na barca e irem na frente dele para a outra margem, enquanto ele despedia a multidão. Em seguida, subiu à montanha para orar a sós. E, ao anoitecer, continuava lá sozinho.
> Entretanto, a barca, já distante da margem, foi agitada pelas ondas, porque o vento soprava em sentido contrário. Entre três horas e seis da madrugada, Jesus caminhou sobre as águas ao encontro dos discípulos. Ao perceberem que alguém caminhava sobre as águas, ficaram com medo: "É um fantasma!", gritaram apavorados. Jesus, porém, acalmou-os: "Fiquem tranquilos, sou eu. Não tenham medo!"
> Pedro pediu: "Senhor, faça com que eu também caminhe sobre as águas para me aproximar de você!" Ele disse: "Venha!" Pedro saiu da barca e caminhou sobre as águas ao encontro de Jesus. Mas, ao aumentar a violência do vento, teve medo, começou a afundar e gritou: "Senhor, salva-me!" No mesmo instante, Jesus estendeu-lhe a mão: "Homem fraco na fé, por que duvidou?"
> Logo que entraram na barca, o vento cessou. Então, aqueles que estavam a bordo se ajoelharam diante dele e disseram: "Você é, de fato, o Filho de Deus".
> Após atravessarem, chegaram a Genesaré. A população local o reconheceu e propagou pelos arredores. Apresentaram-lhe, então, muitos doentes e pediram que, ao menos, deixassem tocar na ponta de sua roupa. E todos aqueles que nele tocaram foram curados.

Mateus estava diante de uma comunidade cristã primitiva em fase de travessia – do legalismo farisaico ao amor como valor supremo. Havia dúvidas e temores. Urgia aprofundar a vida de oração, como fazia Jesus ao buscar um local solitário, e fortalecer a fé para afastar o medo.

A expressão "sou eu", dita por Jesus para tranquilizar os discípulos, é a mesma usada por Deus ao encorajar Moisés a assumir a libertação dos hebreus do Egito (*Êxodo* 3,14). É a garantia de que o Senhor está conosco e, portanto, não há o que temer. O medo leva a fraquejar, como levou Pedro a quase naufragar. Mateus queria reforçar a fé das comunidades para que não temessem o fundamentalismo dos fariseus nem o ódio dos romanos.

Capítulo 15

Alguns fariseus e escribas de Jerusalém foram ao encontro de Jesus e lhe perguntaram: "Por que seus discípulos transgridem a tradição dos antigos? Nem sequer lavam as mãos antes de comer!" Jesus contestou-os: "E vocês, por que ficam apegados à tradição e violam os preceitos de Deus? Javé disse: 'Honra seu pai e sua mãe; aquele que amaldiçoar o pai ou a mãe será castigado de morte'[152]. Mas vocês afirmam: 'Aquele que disser a seu pai ou a sua mãe que não poderá ampará-los porque já ofereceu a Deus, e não se sente mais obrigado a socorrê-los por causa da tradição, anula a Palavra de Deus. Hipócritas! É a propósito de vocês que fala o profeta Isaías: 'Este povo me honra somente com os lábios; seu coração, de fato, está longe de mim. Inútil é o culto que me prestam, porque ensinam preceitos que vêm apenas dos homens!'"[153]

Jesus foi contundente crítico da religião esclerosada. O teólogo espanhol José María Castillo escreveu o livro *Declínio da religião e futuro do Evangelho* (2023), no qual afirma que desde o século III até hoje a Igreja deu mais importância à religião do que ao Evangelho. E a religião sufocou o Evangelho.

Jesus dava mais importância ao projeto de Deus na história do que ao legalismo religioso predominante no Judaísmo de seu tempo. Por isso criticou fariseus e doutores da Lei por pregarem

---

152. *Êxodo* 20,12; 21,17.

153. *Isaías* 29,13.

que dar dinheiro ao Templo era mais importante que usá-lo para amparar os pais na velhice ou na doença.

É o que, hoje, fazem padres e pastores que transformam o dízimo em meio de extorsão dos fiéis. Tiram deles o sustento da família para financiar seus luxos e privilégios. E ainda com a vantagem de, no Brasil, as Igrejas não pagarem impostos, o que favorece a lavagem de dinheiro... Por isso, Jesus evocou a crítica do profeta Isaías que pôs o dedo na ferida: "Este povo me honra somente com os lábios; seu coração, de fato, está longe de mim".

> Depois, Jesus disse ao povo que se aglutinou em torno dele: "Ouçam e compreendam. Não é o que entra pela boca que mancha a pessoa, mas o que sai de dentro dela. Isso é o que mancha uma pessoa".
> Logo, os discípulos se aproximaram dele e observaram: "Sabia que os fariseus se escandalizaram com o que ouviram?" Jesus retrucou: "Toda planta que meu Pai celeste não plantou será arrancada pela raiz. Não se preocupem com eles. São cegos e guias de cegos. Ora, se um cego conduz outro, cairão ambos na mesma vala".
> Pedro interveio: "Explica-nos esta parábola". Jesus reagiu: "Vocês também são curtos de inteligência? Não compreendem que tudo o que entra pela boca vai ao ventre e, depois, é lançado na fossa? Ao contrário, o que sai da boca provém do coração, e é isso que mancha a pessoa. Porque do coração brotam maus pensamentos, homicídios, adultérios, impurezas, furtos, falsos testemunhos, calúnias. É isso que mancha a pessoa. Mas comer sem ter lavado as mãos, isso não mancha ninguém".

Creio que este ensinamento de Jesus dispensa comentários. De que vale um grupo de cristãos que promove uma belíssima liturgia dentro do templo, ao som do órgão e de um afinado coro, e, no entanto, ignora os pedintes que suplicam por uma esmola do lado de fora da igreja? Não sugiro que se dê esmola aos pedintes.

Isso não soluciona o problema deles. Proponho que, nós cristãos, levantemos a pergunta: Por que existem pessoas em situação de rua? Quais as causas da pobreza e da miséria? Pode ser considerada fiel aos valores do Evangelho uma sociedade que produz tamanha desigualdade social? O que fazer para erradicar as causas dos problemas sociais e mudar esse estado de coisas?

> Ao sair dali, Jesus se retirou para os arredores de Tiro e Sidônia[154]. Eis que uma cananeia, originária daquela região, gritava: "Senhor, filho de Davi, tem piedade de mim! Minha filha está cruelmente atormentada por um demônio". Jesus não lhe deu atenção. Os discípulos insistiram: "Manda essa mulher embora, ela nos incomoda com seus gritos". Jesus justificou seu desinteresse pela mulher: "Não fui enviado senão às ovelhas perdidas da casa de Israel". Mas a mulher prostrou-se diante dele e suplicou: "Senhor, ajude-me!" Jesus reagiu: "Não convém atirar aos cachorrinhos o pão dos filhos". "Certamente, Senhor", replicou ela, "mas os cachorrinhos ao menos comem as migalhas caídas da mesa de seus donos..." Jesus exclamou: "Ó mulher, grande é sua fé! Seja feito como deseja". E na mesma hora a filha dela ficou curada.

Jesus era um andarilho. Pela fama que despertou, sofria assédio constante. Por isso buscou refúgio na região de Tiro e Sidônia, onde possivelmente julgou que não seria reconhecido. Porém, a mulher cananeia[155] o identificou e suplicou que curasse a filha dela, provavelmente acometida de epilepsia.

---

154. Duas cidades fundadas pelos fenícios. Hoje situadas no Líbano.

155. Os cananeus eram os habitantes de Canaã, antigo nome do território hoje ocupado por Israel e parte do Líbano. Povo semítico, se encontrava naquela região da Palestina e da Fenícia desde 3.000 anos a.C. Seus descendentes hoje são os palestinos.

Este encontro marca uma virada na militância de Jesus. Até então ele se julgava destinado a atuar apenas no mundo judaico, "as ovelhas perdidas da casa de Israel". Diante da indiferença dele à mulher, ela ousou criticá-lo: "Os cachorrinhos ao menos comem as migalhas caídas da mesa de seus donos".

Por que tal metáfora? A cultura judaica, do alto de seu preconceito, tratava os cananeus com o epíteto de "cachorros", assim como o supremacismo branco, hoje, trata negros como "macacos". Jesus se deu conta de que a sua indiferença não podia ser tida como preconceito e, por isso, atendeu o pedido da mulher. Mas não o fez como quem se considera dotado de poderes excepcionais. Atribuiu o protagonismo da cura da filha à fé da mãe. A partir de então a proposta de Jesus se tornou "católica", que significa "universal", "globalizada", sem discriminar nenhum povo.

Era o que Mateus quis frisar para as comunidades cristãs primitivas ao narrar este episódio. Com certeza as comunidades, formadas majoritariamente por judeus, tinham preconceito aos não judeus, os gentios, que delas participavam.

> Jesus deixou aquela região e voltou para as proximidades do lago da Galileia. Subiu a uma colina e acomodou-se ali. Então, numerosa multidão se aproximou, levando consigo mudos, cegos, coxos, portadores de deficiências físicas e muitos outros enfermos. Jesus os curou. O povo ficou admirado ante o espetáculo dos mudos que falavam, dos portadores de deficiências agora saudáveis, de coxos que andavam, dos cegos que viam; e glorificavam o Deus de Israel.

Capítulo 16

Os fariseus e os saduceus se aproximaram de Jesus para submetê-lo à prova. Pediram que lhes mostrasse um milagre do céu. Ele respondeu: "Quando chega o entardecer, vocês observam: 'Vai fazer bom tempo, porque o céu está avermelhado'. E, pela manhã: 'Hoje teremos tempestade, porque o céu está escurecido'. Hipócritas! Sabem distinguir o aspecto do céu e não são capazes de discernir os sinais dos tempos? Essa raça perversa e adúltera pede um milagre! Mas não lhe será dado outro sinal senão o de Jonas!" Em seguida, virou as costas e foi embora.

Jesus angariara fama de taumaturgo. Mas os fariseus o consideravam um farsante. Por isso o desafiaram. Como ele adotara a postura de "não atirar pérolas aos porcos" (*Mateus* 7,6), negou-se a satisfazer a curiosidade dos provocadores. Eles não tinham olhos para reconhecer os sinais da presença de Deus como quem identifica os fenômenos climáticos. Muitos de nós também temos dificuldade de reconhecer os "sinais dos tempos". Não sabemos analisar a conjuntura e, assim, somos surpreendidos pelos acontecimentos.

Mateus nos retrata Jesus como uma pessoa convencida de não haver qualquer chance de diálogo com os religiosos do Templo de Jerusalém, como fariseus e saduceus. Foram duros os termos usados por Jesus para se referir a eles: "raça de víboras" (12,34), "guias de cegos" (15,14), "sepulcros caiados" (23,27), "hipócritas" (23,27) e, no trecho acima, "raça perversa e adúltera".

O único sinal que seria dado a eles era o de Jonas. Qual foi "o sinal de Jonas"? A ressurreição. Jonas esteve três dias e três noites no ventre de um peixe e, afinal, foi cuspido na praia (*Jonas* 1,17–2,10). Para Mateus, o episódio prenuncia a ressurreição de Jesus ao terceiro dia de sua morte. Mas nem assim o poder religioso teve olhos para ver que, ao final, a vida prevalece sobre a morte, a liberdade sobre a opressão, a paz sobre o conflito.

> Ora, ao chegar à margem oposta do lago da Galileia, os discípulos constataram que haviam esquecido de levar pão. Jesus os advertiu: "Guardem-se com cuidado do fermento dos fariseus e dos saduceus". Eles pensavam: "Ele fala assim porque não trouxemos pão..." Jesus captou-lhes os pensamentos e os advertiu: "Homens fracos na fé! Por que supõem que falei por não terem pão? Ainda não compreendem? Não se lembram dos cinco pães e das cinco mil pessoas, e de quantos cestos vocês recolheram? Nem dos sete pães para quatro mil pessoas e de quantos cestos encheram com as sobras?[156] Por que não compreendem que não é do pão que eu falava quando disse: 'Guardem-se do fermento dos fariseus e dos saduceus?'"
> Só então entenderam que Jesus não se referia ao fermento do pão, mas à doutrina dos fariseus e dos saduceus.

Jesus, mestre em metáforas, usava uma linguagem popular, tecida em imagens, ao contrário da linguagem acadêmica, feita de conceitos abstratos. Sua prática e seu discurso se caracterizaram pelos princípios da educação popular.

Ele insistia, a todo custo, que seus discípulos não se deixassem influenciar pelos religiosos de Jerusalém. Evitassem "o fermento dos fariseus". Aquela teologia não correspondia ao projeto

---

156. No segundo relato da partilha dos pães e dos peixes, Mateus registra que havia "sete pães e alguns peixinhos", ao contrário do primeiro relato, no capítulo 14, onde o evangelista se refere que havia "cinco pães e dois peixes".

de Deus para a história humana. Porque nas comunidades cristãs primitivas havia muitos cristãos oriundos do Judaísmo, impregnados de legalismo farisaico. Não é fácil, ao abraçar uma nova fé, adotar novos costumes. O uso do cachimbo entorta a boca...

> Ao chegarem à região de Cesareia de Filipe[157], Jesus perguntou aos discípulos: "Na opinião do povo, quem é o Filho do Homem?" Responderam: "Uns dizem que é João Batista; outros, Elias; outros, Jeremias ou um dos profetas". Jesus retrucou: "E vocês, quem dizem que eu sou?" Simão Pedro respondeu: "Você é o Cristo, o Filho de Deus vivo!" Jesus reagiu: "Você é feliz, Simão, filho de Jonas, porque não foi a carne nem o sangue que lhe revelou isto, mas meu Pai que está nos céus. E afirmo: você é Pedro[158], e sobre esta pedra edificarei a minha Igreja[159]; as portas do inferno não prevalecerão contra ela. Eu lhe darei as chaves do Reino dos Céus: tudo o que ligar na Terra será ligado nos céus, e tudo o que desligar na Terra será desligado nos céus".

---

157. Cesareia de Filipe, atual Baniás, cidade ao Norte da Palestina, era habitada predominantemente por pagãos. Antes de ser batizada com o nome do governador daquela região (primeiro marido de Herodíades, que mandou degolar João Batista após se casar com seu cunhado Herodes Antipas), tinha o nome de Panias, em homenagem ao deus greco-romano Pã. Filipe, que governou a região de 4 a.C. a 33 d.C., reconstruiu a cidade e renomeou-a Cesareia, em homenagem ao imperador Tibério César, que reinou enquanto Jesus viveu. Para diferenciá-la da outra Cesareia, situada no litoral da Judeia, adicionou o nome do governador.

158. Pedro significa "pedra" ou "rocha".

159. Em nenhum outro evangelho aparece a palavra Igreja, apenas em Mateus. O que predomina nos evangelhos é a expressão Reino de Deus. No entanto, falamos tanto em Igreja... e pouco nos referimos ao Reino de Deus, que significa o projeto de Deus, de caráter libertador, alternativo ao projeto do reino de César, dominador. Jesus mudou o nome de Simão para Pedro, como Deus mudou o de Abrão para Abraão (*Gênesis* 17,5) e o de Jacó para Israel (*Gênesis* 32,28). Dar a Simão o nome de Pedro (= pedra) pode ter sido inspirado em *Isaías* (51,1-2), quando o profeta se dirige aos hebreus no exílio: "Vocês, que buscam a Deus e procuram a justiça, olhem para a rocha (= pedra), de onde foram talhados, olhem para a pedreira de onde foram extraídos".

Muitas dúvidas perduravam nas comunidades cristãs para as quais Mateus escreveu. Várias teologias colocavam em dúvida inclusive se Jesus era mesmo o "Filho do Homem", como o profeta Daniel qualificou o Messias. Mateus reitera que sim, e ainda reforça a autoridade de Pedro nas comunidades nascentes.

Este episódio revela algo surpreendente: Jesus teve coragem de indagar de seus companheiros qual a opinião do povo a respeito dele e, em seguida, qual a opinião dos discípulos. Quem de nós ousa perguntar aos amigos: "O que pensam de mim?" A vaidade nos leva a imaginar que pensam de nós o que gostaríamos que pensassem. Deixar-se criticar é um ato de humildade e coragem. Aqueles que ousam criticar os nossos erros são nossos verdadeiros amigos, não aqueles que aprovam tudo que fazemos.

> Depois, Jesus exigiu dos discípulos não dizerem a ninguém que ele era o Cristo. Desde então, Jesus começou a manifestar aos discípulos que precisava ir a Jerusalém e suportar os sofrimentos que lhe seriam impostos pelos anciãos, chefes dos sacerdotes e escribas. Seria morto e ressuscitaria ao terceiro dia. Pedro, então, começou a interpelá-lo e protestar: "Deus não permita isso, Senhor! Isso não lhe acontecerá!" Mas Jesus voltou-se para ele e retrucou: "Afasta-se, Satanás! Você é, para mim, um escândalo; seu modo de pensar não vem de Deus, mas dos homens!" Em seguida, Jesus disse aos discípulos: "Se alguém quiser me seguir, renuncie a si, tome sua cruz e venha. Porque aquele que quiser salvar a sua vida, irá perdê-la; mas aquele que a tiver sacrificado por minha causa, irá recobrá-la. De que serve um homem ganhar o mundo inteiro, se acaba por prejudicar a sua vida? Ou que dará um homem em troca de sua vida?... Porque o Filho do Homem há de vir na glória de seu Pai com seus anjos, e então recompensará a cada um segundo suas obras. Posso assegurar: muitos destes que aqui estão não verão a morte sem que tenham visto o Filho do Homem voltar na majestade de seu Reino".

Mateus era testemunha de como os cristãos perseguidos vacilavam na fé, deixavam-se contaminar pelo medo. Muitos judeus acusavam os cristãos de terem sido responsáveis pela destruição de Jerusalém e, em especial, pela derrubada do Templo. Daí esta exortação, que coloca no centro a figura proeminente de Pedro. Ressalta que temer as adversidades em decorrência da adesão à causa do Reino é fazer o jogo do inimigo. A ponto de Jesus tratar Pedro, seu amigo, por "satanás".

Capítulo 17

Seis dias depois, Jesus chamou Pedro, e os irmãos Tiago e João, e subiu com eles ao alto da montanha. Lá se transfigurou na presença deles: seu rosto brilhou como o sol e as vestes ficaram resplandecentes de brancura. Eis que apareceram Moisés e Elias conversando com Ele[160].

Pedro tomou, então, a palavra: "Senhor, é bom estarmos aqui. Se quiser, farei aqui três tendas: uma para você, uma para Moisés e outra para Elias"[161]. Ele ainda falava, quando veio uma nuvem luminosa e os envolveu. E daquela nuvem se escutou uma voz: "Eis o meu Filho muito amado, em quem coloquei toda a minha afeição; ouvi-o". Ao escutar a voz, os discípulos caíram com a face na terra e sentiram medo[162]. Mas Jesus se aproximou deles e tocou-os, dizendo: "Levantem e não tenham medo". Eles levantaram os olhos e não viram mais

---

160. Há episódio análogo no Primeiro Testamento, no livro do *Êxodo*: Deus se revela a Moisés também no sétimo dia (24,16); também na montanha (24,13.15); tanto Moisés quanto Jesus se fazem acompanhar por três companheiros (24,1); as faces de Moisés e Jesus brilham com a glória divina (34,29); e Deus fala através de uma nuvem (24,16). Moisés e Elias personificam a Lei e os Profetas, o que, para os judeus, engloba todo o Primeiro Testamento.

161. As três tendas são uma alusão à Festa das Tendas (*Levítico* 23,33-34; *Deuteronômio* 16,13), uma das mais populares no tempo de Jesus.

162. Aqui mais um "plágio" do Primeiro Testamento. Esta passagem foi nitidamente inspirada no livro do profeta Daniel (10,9-12): "Então ouvi o som de suas palavras; mas ao ouvir o som caí aturdido com o rosto por terra. De repente, fui tocado pela mão que me pegou e colocou-me... sobre os joelhos... Ele ainda acrescentou: 'Não tenha medo'".

ninguém, somente Jesus. Ao descerem, Jesus exigiu deles: "Não contem a ninguém o que viram até que o Filho do Homem ressuscite dos mortos".

A montanha: lugar bíblico da manifestação de Deus. A nuvem: símbolo da presença divina (*Êxodo* 13,21; *Números* 9,15).

"...eis que apareceram Moisés e Elias conversando com Ele." Moisés representa a Lei; Elias, os profetas. Mateus quer ressaltar Jesus como culminância do que os dois representam na história do povo hebreu.

O relato é um quadro pintado com as cores do Primeiro Testamento: montanha, nuvem, cair por terra, tendas... O impactante é, de novo, Deus manifestar seu amor por Jesus, como o fez no batismo no Jordão. Um amor incondicional como, aliás, Ele tem por cada ser humano, seja ou não o mais contumaz pecador[163]. E Jesus, discreto quanto à sua natureza messiânica, preferiu que seus amigos não revelassem o que testemunharam. Não queria despertar falsas expectativas messiânicas.

Sem dúvida, os quatro vivenciaram na montanha uma experiência mística.

> Em seguida, os discípulos o interrogaram: "Por que dizem os escribas que Elias deve retornar primeiro?" Jesus respondeu: "Elias, de fato, deve voltar e restabelecer todas as coisas. Mas garanto que Elias já veio e não o reconheceram; antes, fizeram com ele o que quiseram. Do mesmo modo farão sofrer o Filho do Homem".
> Os discípulos compreenderam, então, que ele se referia a João Batista.

No tempo de Jesus, os doutores da Lei (teólogos judeus), baseados em Malaquias (3,23-24), diziam que o profeta Elias retornaria antes da vinda do Messias. E estava em voga a crença da

---

163. Cf. Boff, Leonardo, 2023, pp. 39-44.

reencarnação, como transparece na obra de Flávio Josefo. Não há nenhum indício de que Jesus tinha tal convicção, mas sua ótica coincidia com a de Mateus e dos discípulos, que liam os fatos presentes à luz dos fatos passados. Assim, para Jesus, seu primo João Batista representava uma reedição de Elias.

> Quando se reuniram ao povo, um homem aproximou-se deles e se prostrou diante de Jesus: "Senhor, tenha piedade de meu filho, porque é lunático e sofre muito: ora cai no fogo, ora na água... Já o levei a seus discípulos, mas eles não puderam curá-lo". Jesus se irritou: "Gente incrédula e perversa, até quando estarei com vocês? Até quando hei de aturá-los? Tragam-no aqui".
> Jesus ameaçou o demônio e este saiu do menino, que ficou curado na mesma hora. Então, os discípulos perguntaram em particular: "Por que não conseguimos expulsar esse demônio?" Jesus observou: "Por causa da falta de fé. Posso assegurar a vocês: se tiverem fé do tamanho de um grão de mostarda, dirão a esta montanha: Mova-se daqui para lá, e ela irá; e nada será impossível a vocês. Quanto a esta espécie de demônio, só se consegue expulsar à força de oração e jejum".

Tudo indica que o filho enfermo sofria de epilepsia. O pai estava desesperado, porque o filho, doente, não podia trabalhar nem servir de apólice de seguro da velhice de seus pais.

A reação irritada de Jesus foi em relação aos apóstolos, a quem ele tinha dado poder de cura. O episódio encontra paralelo em *2Reis* 4,18-37, onde o servo de Eliseu não foi capaz de ressuscitar uma criança morta, mas Eliseu sim.

> Enquanto se dirigiam à Galileia, Jesus lhes disse: "O Filho do Homem deve ser entregue nas mãos dos homens. Eles irão matá-lo, mas no terceiro dia ressuscitará". E eles ficaram muito aflitos.

Mateus quer reafirmar a fé das comunidades que, perseguidas, viviam em estado de aflição quanto à certeza da ressurreição.

> Logo que chegaram a Cafarnaum, aqueles que cobravam o imposto de didracma aproximaram-se de Pedro e perguntaram: "Seu mestre não paga a didracma?"[164] "Paga, sim", respondeu Pedro. Mas ao chegarem a casa, Jesus preveniu-o, dizendo: "Que lhe parece, Simão? De quem os reis recebem tributos ou impostos? De seus compatriotas ou dos estrangeiros?" Pedro respondeu: "Dos estrangeiros". Jesus replicou: "Os compatriotas, portanto, estão isentos. Mas não convém escandalizar os cobradores de impostos. Vai ao mar, lança o anzol, e quando pescar o primeiro peixe, abra a boca e encontrará o dinheiro para pagar o imposto. Traga-o e pague por mim e por você".

Sacerdotes e escribas estavam isentos de pagar esta taxa. No Império Romano, os cidadãos ficavam isentos de pagar impostos cobrados dos povos estrangeiros por ele dominados.

Os coletores de impostos queriam saber de Pedro se Jesus, considerado por ele "mestre", fazia uso desse privilégio. E armar uma cilada para Jesus: a recusa de pagar imposto era crime contra os romanos; a concordância em pagar significava aceitar o domínio estrangeiro.

Pedro reagiu demonstrando que Jesus se comportava como um cidadão comum. Embora prestigiado pelo povo, não queria mordomias ou privilégios. E Jesus nem se recusou a pagar, nem aceitou pagar com os recursos da comunidade. Buscou uma terceira alternativa com a moeda encontrada na boca do peixe. Dinheiro ganho por ele e os discípulos com o comércio de peixes.

---

164. Didracma significa "imposto de duas dracmas", moeda grega. Um dracma equivalia a um dia de trabalho. Todo judeu adulto, ainda que morasse fora da Palestina, era obrigado a pagá-lo anualmente ao Templo.

Capítulo 18

> Os discípulos se aproximaram de Jesus e perguntaram: "Quem é o maior no Reino dos Céus?" Jesus chamou uma criança, colocou-a no meio deles e disse: "Afirmo a vocês com toda clareza: se não mudarem e se tornarem como crianças, não haverão de entrar no Reino dos Céus. Aquele que se fizer humilde como esta criança será maior no Reino dos Céus. E quem recebe um menino como este em meu nome é a mim que recebe. Mas se alguém fizer cair em pecado um desses pequenos que creem em mim, melhor seria que lhe atassem ao pescoço a pedra de um moinho e o lançassem no fundo do mar".

Como em todo grupo, no de Jesus havia também disputa pelo poder. A "mosca azul" tinha picado alguns apóstolos que imaginavam que, em breve, Jesus derrubaria o reino de César e instalaria o de Deus[165]. Daí a pergunta descabida. Jesus declara que, na sua concepção, poder é serviço, colocar-se a serviço dos demais sem buscar proveito próprio, saber ser servo e não senhor.

Todo o capítulo 18 é uma carta de instrução de como devem se portar os militantes que abraçam a causa de Jesus.

Criança simbolizava os fracos, desprotegidos, oprimidos pela sociedade.

---

165. Cf. meu livro *A mosca azul – Reflexão sobre o poder*. Rio de Janeiro: Rocco, 2006.

Jesus enfatizou um dos princípios básicos de sua proposta: quem acolhe um dos pequenos (pessoas marginalizadas, excluídas, empobrecidas, oprimidas) o acolhe. Este é o mais revolucionário valor do Evangelho: serve-se a Deus servindo ao próximo, em especial aos mais pobres. Deus é o outro!

> Os escândalos são inevitáveis, mas ai de quem que os causar! Por isso, se sua mão ou pé faz você cair em pecado, corta-o e lança-o longe: é melhor entrar na vida coxo ou manco que ser lançado no fogo eterno com dois pés e duas mãos. Se seu olho o leva ao pecado, arranca-o e joga-o longe: é melhor entrar na vida cego de um olho do que ser atirado com dois no fogo da geena. Evitem menosprezar um só desses pequenos, porque afirmo que os anjos deles, no céu, contemplam sem cessar a face de meu Pai que lá se encontra. Porque o Filho do Homem veio salvar o que estava perdido.

Jesus nada tinha de moralista. Sua intenção era que se evitasse menosprezar "um só desses pequenos". Nossas atitudes não podem fortalecer o preconceito, a intolerância, o elitismo, como ocorre em nossa sociedade desigual e injusta. O mal deve ser cortado pela raiz!

Segundo a crença judaica, apenas sete anjos podiam contemplar o rosto de Deus. Com o tempo, nem mesmo os sete. Era um modo de acentuar a transcendência divina. Jesus causou espanto ao afirmar que os anjos dos pequenos – ou seja, dos oprimidos – "contemplam sem cessar a face de meu Pai".

> "O que opinam? Um homem possui cem ovelhas: uma delas se desgarra. Ele não deixa as noventa e nove na montanha para buscar a que se desgarrou? E, se a encontra, sente mais alegria do que pelas noventa e nove que não se desgarraram. Assim é a vontade do Pai celeste: que não se perca um só desses pequeninos."

Eis aí a exigência de opção preferencial pelos pobres e excluídos. E a prova da infinita amorosidade de Deus, que vela por cada uma de suas "ovelhas".

> "Se seu irmão ofender você, vá e o critique privadamente; se ele lhe der ouvidos, vocês terão se reconciliado. Se não o escutar, convoque uma ou duas pessoas, a fim de que toda a questão se resolva pela decisão de duas ou três testemunhas. Se recusar ouvi-los, convoque a comunidade. E se recusar ouvir também a comunidade, considere-o um pagão ou um publicano."

Nas primeiras comunidades cristãs havia divergências de opinião, como acontece em qualquer grupo. Mateus elenca aqui o procedimento recomendado por Jesus quando se tratar de ofensa ou crime: primeiro, uma conversa particular para tentar a reconciliação e proteger a boa fama da pessoa. Se ela não aceitar buscar testemunhas que possam intermediar. Se forem também rejeitadas, então o caso deve ser levado à comunidade para que possa ajuizar a atitude. E se, ainda assim, aquele que proferiu a ofensa ou cometeu uma falha grave não der ouvidos, então que seja tratado como "um pagão ou um publicano"; ou seja, alguém que já não comunga os valores da comunidade.

> "Asseguro a vocês: tudo o que ligarem na Terra, será ligado no céu; e tudo o que desligarem na Terra, será também desligado no céu. E garanto: se dois de vocês se unirem aqui na Terra para pedir, seja o que for, haverão de consegui-lo de meu Pai que está nos céus. Porque onde dois ou três se reunirem em meu nome, eu estarei no meio deles."

Aqui Jesus empodera a comunidade. Muitas vezes essa passagem foi usada para reforçar o clericalismo, como se fosse um atributo exclusivo dos sacerdotes "ligar ou desligar" a nossa conexão com Deus. Ora, Jesus deixou claro que se referia à comunidade, ainda que não haja nenhum sacerdote presente. E imprimiu a ela um caráter sacramental ao afirmar "eu estarei no meio deles". Abrimos as nossas celebrações orando: "O Senhor esteja conosco!" "Ele está no meio de nós!"

> Então, Pedro se aproximou dele e indagou: "Senhor, quantas vezes devo perdoar meu irmão quando me ofender? Até sete vezes?" Respondeu Jesus: "Não apenas sete vezes, mas até setenta vezes sete".

Como já foi dito, o número 7 equivalia, na cultura hebraica, ao nosso ∞ (8 deitado), símbolo de infinito. Infinita deve ser a nossa misericórdia, como a de Deus[166].

> "O Reino dos Céus é comparado a um rei que quis ajustar contas com seus servos. Ao iniciar o acerto, trouxeram-lhe um que lhe devia dez mil talentos[167]. Como não tinha com que pagar, o rei ordenou que fossem vendidos – ele, sua mulher, seus filhos e todos os seus bens – para pagar a dívida. O servo, então, prostrou-se por terra diante dele e suplicou: 'Dê-me um prazo e pagarei tudo!' Cheio de compaixão, o rei o deixou ir embora e perdoou-lhe a dívida."
>
> "Logo que saiu dali o servo encontrou um de seus companheiros de serviço que lhe devia cem denários[168]. Agarrou-o pela garganta e quase o estrangulou, dizendo: 'Paga o que me deve!' O devedor caiu-lhe aos pés e suplicou: 'Dê-me um prazo e

---

166. Cf. *Gênesis* 4,24.

167. O valor é intencionalmente exagerado. Correspondia a 340 mil quilos de ouro! Uma moeda de talento equivalia a 6 mil denários, ou 34 quilos de ouro; ou seja, equivalente a 15 anos de salários de um trabalhador. A parábola visa a demonstrar a infinita misericórdia de Deus, que perdoa uma dívida impossível de ser paga pelo devedor.

168. Denário, moeda de prata com a efígie do imperador Tibério César. Um denário correspondia a um dia de trabalho. Quitar uma dívida de 100 denários não era impossível, embora pesada para um trabalhador assalariado.

pagarei!' Mas, sem aceitar desculpas, o homem mandou prendê-lo, até que tivesse saldado sua dívida. Vendo aquilo, os outros servos, profundamente tristes, contaram ao rei o que havia ocorrido. Então, o rei o chamou e lhe disse: 'Servo mau, perdoei toda a sua dívida porque você me suplicou. Não devia você também se compadecer de seu companheiro de serviço, como tive piedade de você?' O rei, encolerizado, entregou-o aos algozes, até que pagasse toda a dívida. Assim reagirá meu Pai celeste se cada um de vocês não perdoar o irmão de todo o coração."

Jesus reiterou a misericórdia infinita de Deus e deixou claro que o único impedimento para o perdão divino é a nossa incapacidade de perdoar quem nos ofende. Deus é misericordioso e justo!

Saduceus, fariseus e escribas pregavam uma imagem muito rigorosa de Deus, como um juiz implacável mais propenso a castigar que a perdoar. Jesus quebrou essa imagem e mostrou a verdadeira face amorosa de Deus.

Mateus procura animar as comunidades cristãs a adotarem uma nova lógica quanto às dívidas, de modo a reduzir as desigualdades e fortalecer a solidariedade entre os fiéis. E, ao mesmo tempo, toca num problema ainda hoje recorrente: o oprimido que oprime outro oprimido!

Capítulo 19

Após tais pregações, Jesus deixou a Galileia e foi para a Judeia, além do rio Jordão. Muitos o seguiram e ele curou os doentes.
Os fariseus indagaram para colocá-lo à prova: "É permitido a um homem rejeitar sua mulher por um motivo qualquer?" Respondeu Jesus: "Não leram que o Criador, no começo, fez o homem e a mulher, e disse: 'O homem deixará seu pai e sua mãe e se unirá à sua mulher; e os dois formarão uma só carne?' Assim, já não são dois, mas uma só carne. Portanto, não separe o homem o que Deus uniu".
Os fariseus objetaram: "Por que, então, Moisés ordenou dar um documento de divórcio à mulher e rejeitá-la?" Jesus respondeu: "Por causa da dureza de coração, Moisés tolerou o repúdio às mulheres; mas, no começo, não era assim. Ora, afirmo que todo aquele que rejeita sua mulher, exceto no caso de adultério, e desposa outra comete adultério. E aquele que se casa com uma mulher rejeitada também comete adultério".

Na época de Jesus, debatia-se muito a questão do divórcio, como em toda sociedade onde ele é proibido ou sofre restrições. A lei mosaica dizia: "Quando um homem se casa com uma mulher e consuma o matrimônio, se depois não gostar mais dela, por encontrar nela alguma coisa inconveniente, deve escrever um documento de divórcio e entregar a ela, deixando-a sair de casa em liberdade" (*Deuteronômio* 24,1).

A polêmica se centrava na frase "alguma coisa inconveniente". Uns achavam que podia ser qualquer motivo; outros, falta moral grave[169]. O fato é que a iniciativa era sempre do homem. A mulher não tinha direito de se divorciar do marido. Portanto, a lei mosaica mantinha o patriarcalismo.

Jesus fugiu da cilada preparada pelos fariseus. Não abordou a interpretação da Lei. Foi mais assertivo: Deus criou homem e mulher para serem um só no amor, mas o machismo quebrou a reciprocidade. Jesus não criticou o divórcio. Criticou o machismo que só admitia esse direito à iniciativa masculina.

"Jesus permite o divórcio, porém em cláusula de exceção: *a não ser por motivo de impudicícia/adultério*[170]. [...] Jesus diz que o divórcio é admissível porque a união matrimonial foi rompida pelo adultério"[171].

> Os discípulos reagiram: "Se tal é a condição do homem a respeito da mulher, é melhor não se casar!" Jesus retrucou: "Nem todos são capazes de compreender o sentido dessa palavra, mas somente aqueles a quem foi dado compreender. Porque há eunucos que o são desde o ventre de suas mães; há eunucos feitos pelas mãos dos homens; e há eunucos que a si mesmos se fizeram eunucos por amor do Reino dos Céus. Quem puder compreender, compreenda".

Os discípulos não entenderam a resposta de Jesus. E reagiram de modo bem machista: é melhor ficar solteiro do que se casar sem o privilégio de mandar na mulher!

---

169. A respeito do divórcio, duas tendências predominavam na Palestina do século I: a escola judaica de Hillel, que aprovava qualquer motivo para o marido repudiar a mulher – "até se ela estragar a comida dele" – e a escola de Shammai, mais rígida, e que só admitia o divórcio por motivos graves. Os fariseus seguiam Hillel e, assim, indagaram se era lícito rejeitar "sua" mulher "por um motivo qualquer". A mulher era tida como propriedade do marido.

170. Grifo do autor.

171. Carter, 2002, p. 200.

Jesus aproveitou a reação deles para fazer um comentário sobre os que preferem não se casar. Enumerou três tipos de celibatários: os que nasceram desprovidos de motivação por relação sexual, os assexuados[172]; os que foram castrados, como era o caso de servos que cuidavam de haréns; e "os que se fizeram eunucos por amor do Reino dos Céus". Em nenhum momento Jesus afirmou que a condição de celibatário é mais digna ou agradável a Deus do que a de casado, como a Igreja Católica tanto pregou aos vocacionados à vida religiosa. Prova disso é que escolheu homens casados, como Pedro (8,14), para integrarem sua comunidade. O que quis ressaltar é que, na luta pela implantação do Reino ou da nova sociedade, há militantes que deixam de constituir família para se dedicar integralmente à causa[173]. Foi o caso de Che Guevara nas selvas da Bolívia. Deixou sua família em Cuba para libertar a América do Sul a partir de um país que pode ser considerado o coração desta região do continente americano.

Há quem argumente que o celibato é mais "meritório" porque Jesus não se casou. Ora, Jesus não se casou certamente porque pressentia que seu tempo de vida seria curto, pois corria os mesmos riscos de morte precoce como seu primo João Batista, assassinado pelo governador da Galileia. Na resistência à ditadura militar brasileira, conheci inúmeros militantes, homens e mulheres, que haviam abandonado suas famílias, ou deixaram de contrair núpcias, para se dedicarem integralmente à libertação do Brasil.

> Foram-lhe, então, apresentadas algumas crianças, para que pusesse as mãos sobre elas e orasse por elas. Os discípulos, porém, as afastavam. Disse-lhes

---

172. No início de 2023, a novela *Travessia*, de Glória Perez, exibida pela TV Globo, abordou a assexualidade no personagem desempenhado pelo ator Thiago Fragoso.

173. "De fato, a única razão que Jesus propõe para abster-se do matrimônio é o reinado de Deus que, em sua expressão plena, é a nova sociedade humana que ele veio começar" (Mateos; Camacho, 1993, p. 217).

> Jesus: "Deixem vir essas crianças e não impeçam que se aproximem de mim, porque o Reino dos Céus pertence àqueles que se parecem a elas". E, após impor-lhes as mãos, prosseguiu seu caminho.

Devido à pobreza e às frequentes rebeliões que havia na Palestina no tempo de Jesus, tudo indica que existiam crianças em situação de rua. Maltrapilhas e malcheirosas, foram repudiadas pelos discípulos, ainda mais naquela sociedade patriarcal na qual um homem adulto não devia dar atenção a crianças; isso era "coisa de mulher".

Jesus não só quebrou o paradigma cultural, como aproveitou para ressaltar sua ótica de poder, um serviço que deve ser ocupado por quem, como as crianças, tem simplicidade, transparência, generosidade.

> Um jovem se aproximou de Jesus e perguntou: "Mestre, o que devo fazer de bom para entrar na vida eterna?" Jesus retrucou: "Por que me pergunta sobre o que é bom? Só Deus é bom. Se quer entrar na vida, observa os mandamentos". "Quais?", perguntou ele. Jesus respondeu: "Não matar, não cometer adultério, não furtar, não levantar falso testemunho, honrar pai e mãe, amar o próximo como a si mesmo". Disse-lhe o jovem: "Tenho observado tudo isso desde a infância. O que me falta fazer?" Jesus frisou: "Se quer ser perfeito, vai, vende seus bens, dá o dinheiro aos pobres e terá um tesouro no céu. Depois, venha me seguir!" Ao ouvir essas exigências, o jovem foi embora triste, porque possuía muitos bens.

Este diálogo é muito emblemático. O jovem rico, que já tinha a vida bem assegurada na Terra pelos bens que possuía, quis saber de Jesus como investir na poupança celestial... Interessante este pequeno detalhe na resposta. Jesus não diz "se quer entrar na vida eterna", e sim "na vida", para deixar claro que a felicidade pode ser alcançada nesta existência, desde que sejamos capazes de abraçar os valores evangélicos.

Ao indagar de Jesus quais mandamentos devia observar, a resposta chega a ser constrangedora para um catequista fundamentalista – Jesus não cita nenhum dos mandamentos que diz respeito a Deus. Limita-se a enumerar apenas os que dizem respeito ao próximo. Frisa que não se pode servir a Deus diretamente. Há que passar inevitavelmente pela via do próximo. Portanto, mesmo quem abraça tais princípios éticos, ainda que desprovido de fé religiosa, faz a vontade de Deus sem o saber. E a recíproca não é verdadeira; ou seja, não se pode servir a Deus sem fazê-lo pelo serviço ao próximo, em especial o pobre.

O jovem poderia ser considerado "um santo", por admitir que, desde a infância, agia segundo os princípios enumerados pelos mandamentos. Faltava algo para "entrar na vida"? Faltava. Assumir a causa dos oprimidos. Condição para seguir Jesus. Infelizmente o apego ao dinheiro falou mais alto que a proposta de Jesus.

> Jesus disse, então, aos discípulos: "Afirmo a vocês: é difícil para um rico entrar no Reino dos Céus! E digo mais: é mais fácil um camelo passar pelo fundo de uma agulha do que um rico entrar no Reino de Deus".
> Ao ouvir isso, os discípulos ficaram muito espantados e perguntaram: "Quem então poderá se salvar?" Jesus fitou-os e ponderou: "Aos homens isso é impossível, mas a Deus tudo é possível".

O provérbio "é mais fácil passar um camelo pelo buraco de uma agulha do que um rico entrar no Reino de Deus" era um dito popular dos camponeses da Galileia. O camelo era o maior animal encontrado na Palestina. E quando Jesus concluiu ao afirmar que "para Deus tudo é possível", não quis dizer que um rico poderia entrar no Reino. Deus não é mágico, não faz um camelo passar pelo buraquinho de uma agulha. O que Deus pode fazer é convencer a pessoa a colocar os bens – materiais e espirituais, como talentos e inteligência – a serviço dos pobres. Como fizeram o jovem burguês italiano Francisco de Assis, o advogado indiano Mohandas

Karamchand Gandhi, o médico alemão Albert Schweitzer, o advogado e filho de latifundiário Fidel Castro Ruz, o médico argentino Ernesto Guevara, a filósofa francesa Simone Weil e tantos outros.

> Pedro, então, objetou: "Nós deixamos tudo para segui-lo. Que recompensa teremos?" Respondeu Jesus: "Garanto a vocês: no dia da renovação do mundo, quando o Filho do Homem estiver sentado no trono da glória, vocês, que me seguiram, estarão sentados em doze tronos para julgar as doze tribos de Israel. E todo aquele que, por minha causa, deixar irmãos, irmãs, pai, mãe, mulher, filhos, terras ou casa receberá o cêntuplo e possuirá a vida eterna. Muitos que agora são os primeiros, serão os últimos; e muitos que agora são os últimos, serão os primeiros".

Pedro foi um dos apóstolos que custaram a entender que a proposta de Jesus não consistia em ocupar o poder político na nova sociedade denominada Reino dos Céus por Mateus. Interesseiro, cobiçava levar vantagem. Mas Jesus reverteu suas expectativas.

A promessa de Jesus de que toda pessoa que abandonar bens e familiares pela causa do Reino – e toda causa de justiça é causa do Reino – é conhecida por todos os militantes políticos ou religiosos que assim agiram. Todos que nos desapegamos da ambição de acumular bens e deixamos de priorizar os vínculos familiares por causa da luta por justiça, encontramos, de fato, o cêntuplo em "irmãos, irmãs, pai, mãe, mulher, filhos, terras ou casa". São os companheiros e companheiras de caminhada, os parceiros e parceiras de lutas, os lares nos quais somos acolhidos por aqueles e aquelas que apoiam a nossa causa. Isso é "possuir a vida eterna". Cometemos o erro de supor que a "vida eterna" é algo que se inicia do outro lado da vida. Inicia-se aqui, consiste em se sentir pleno na direção que imprimimos à nossa existência[174].

---

174. Cf. Colette Deremble. *Saintmerry-hors-les-murs.com*, 08/03/2023.
• O pensamento cristão sobre a ressurreição. *Revista IHU*, ed. digital, 12/04/2023.

Capítulo 20

"O Reino dos Céus é semelhante a um pai de família que saiu ao amanhecer, a fim de contratar operários para seu vinhedo. Ajustou com eles um denário[175] por dia e enviou-os ao trabalho. Cerca das nove da manhã, saiu de novo e encontrou na praça trabalhadores desempregados. Disse a eles: 'Venham também trabalhar no meu vinhedo e pagarei o salário justo'. Eles foram. Ao meio-dia, saiu novamente e também às três da tarde, e fez o mesmo. Finalmente, às cinco da tarde, encontrou ainda outros na praça e perguntou: 'Por que estão aqui o dia todo sem fazer nada?' Eles responderam: 'Porque ninguém nos contratou'. Disse-lhes então: 'Venham também para a minha vinha'."

"Ao fim da tarde, o dono da vinha disse a seu capataz: 'Chama os operários e paga-lhes, a começar dos últimos até os primeiros'. Vieram os contratados às cinco da tarde e receberam cada qual um denário[176]. Ao chegar a vez dos primeiros, julgavam que receberiam mais. Mas só receberam cada qual um denário. Ao serem pagos, murmuraram contra o patrão: 'Os últimos só trabalharam uma hora... e o senhor deu a eles tanto como a nós, que suportamos o peso do dia e do calor'."

"O patrão, porém, observou a um deles: 'Meu amigo, não faço injustiça. Você não foi contratado por

---

175. O denário, moeda de prata que equivalia ao salário diário de um trabalhador, era a moeda de maior circulação no Império Romano.

176. Segundo a Lei mosaica, os trabalhadores deveriam ser pagos ao pôr do sol (*Deuteronômio* 24,14-15).

> um denário? Toma o que merece e parta. Quero dar a este último tanto quanto a você. Ou não me é permitido fazer dos meus bens o que me convém? Porventura vê com maus olhos que eu seja bom?'"

> "Assim, portanto, os últimos serão os primeiros e os primeiros serão os últimos."

Jesus contou esta parábola para frisar a gratuidade da misericórdia e do amor de Deus. E nos permite saber que na Palestina do século I havia desempregados e boias-frias, como ainda hoje em muitos países da América Latina. São trabalhadores diaristas, desprovidos de carteira assinada e contratos formais, obrigados a vender sua força de trabalho a qualquer preço para ter o que comer. Muitos vivem em situação análoga à escravidão.

A lógica da justiça no Reino de Deus é oposta à lógica capitalista. Esta considera que quem mais trabalhou, mais deve receber. Porém, aqueles que ficaram o dia todo na praça sem que ninguém os contratasse eram, com certeza, os que sofriam de deficiência física ou mental, desprovidos de condições de um bom desempenho laboral. No entanto, tinham necessidades iguais aos demais e, assim, mereceram igual pagamento.

De novo, Mateus exorta os primeiros cristãos a serem solidários uns com os outros, em especial com os excluídos, fugindo da lógica do "toma lá dá cá" e da meritocracia.

> Ao se dirigir a Jerusalém, durante a caminhada Jesus chamou à parte os Doze e disse a eles: "Estamos a caminho de Jerusalém, onde o Filho do Homem será entregue aos sacerdotes e aos doutores da Lei. Eles o condenarão à morte. E o entregarão aos pagãos para ser exposto às suas zombarias, açoitado e crucificado; mas, ao terceiro dia, ressuscitará".

Como Mateus, ao escrever seu relato evangélico já sabia tudo que havia ocorrido, é possível que tenha colocado na boca de Jesus as palavras acima. Mas não há dúvida de que Jesus pressentia que seria assassinado, pois isso havia acontecido com seu primo João Batista. Tinha plena consciência de que, como dissidente do Judaísmo e propagador de um projeto de Reino que não era o de César, seria considerado subversivo e teria um fim trágico.

> Nisso se aproximou a mãe dos filhos de Zebedeu com seus filhos[177] e se ajoelhou diante de Jesus para lhe fazer um pedido. Ele perguntou: "O que você quer?" Ela respondeu: "Ordena que meus dois filhos se sentem no seu Reino, um à sua direita e outro à sua esquerda". Jesus retrucou: "Você não sabe o que pede. Podem beber o cálice que devo beber?" "Sim", disseram os rapazes. "De fato, haverão de beber meu cálice. Quanto, porém, se sentar à minha direita ou à minha esquerda, isso não depende de mim conceder. Esses lugares cabem àqueles aos quais meu Pai os reservou."
> Os dez apóstolos que haviam presenciado tudo indignaram-se contra os dois irmãos. Jesus, porém, os advertiu: "Vocês sabem que os chefes de Estado são dominadores, e que os políticos governam com autoridade. Não seja assim entre vocês. Todo aquele que quiser se tornar grande entre vocês, aja como servo. E quem quiser se tornar o primeiro, se coloque no último lugar. Assim veio o Filho do Homem: não para ser servido, mas para servir e dar sua vida pela libertação de muitos".

Eis o que Jesus entendia por poder: um meio para servir, e não para ter prestígio, angariar privilégios, exercer o mando entre os semelhantes.

As coisas mudam em torno de nós, mas o ser humano é sempre o mesmo desde que o mundo é mundo. Todos nós padecemos de duas grandes limitações: defeito de fabricação (o pecado original, as contradições que carregamos) e prazo de validade (todos

---

177. Tiago e João. Por machismo, Mateus omite o nome da mulher, Salomé.

morrem). E a família de Zebedeu não foi diferente. Deixou-se picar pela "mosca azul", a ambição de poder.

Ainda hoje há muita gente na Igreja e nas estruturas de poder que agem como a mulher de Zebedeu: buscam uma "boquinha" para proteger seus familiares e amigos. E não admitem que poder é serviço. Consideram que é meio de obter privilégios, mordomias, vantagens e recursos extras.

Os verdadeiros militantes do Reino são aqueles que, como Jesus, dão a vida para que outros tenham vida. Não se apegam nem mesmo à própria vida, quanto mais à função que ocupam. Estes são os últimos que merecem os primeiros lugares, como Rosa Luxemburgo, Simone Weil, Gandhi, Che Guevara, Luther King, Chico Mendes etc.

> Ao sair de Jericó, uma grande multidão o seguiu. Dois cegos[178], sentados à beira do caminho, ouviram comentar que Jesus passava e começaram a gritar: "Senhor, filho de Davi, tenha piedade de nós!" As pessoas, porém, os repreendiam para que se calassem. Mas eles gritavam ainda mais forte: "Senhor, filho de Davi, tenha piedade de nós!"
> Jesus parou, chamou-os e perguntou-lhes: "O que querem que eu faça?" "Senhor, que nossos olhos se abram!" Jesus, cheio de compaixão, tocou-lhes os olhos. Instantaneamente recobraram a vista e se puseram a segui-lo.

Jesus veio para abrir os nossos olhos. Mas muitos preferem permanecer na cegueira, porque temem enxergar o que Deus exige deles e qual a verdadeira proposta de Jesus.

---

178. Sabemos pelo *Evangelho de Marcos* (10,46) que um dos cegos era Bartimeu, filho de Timeu.

Capítulo 21

Aproximavam-se de Jerusalém. Ao chegarem a Betfagé, próximo ao Monte das Oliveiras[179], Jesus deu orientações a dois discípulos: "Vão até aquela aldeia ali adiante. Logo encontrarão uma jumenta amarrada e, junto a ela, seu jumentinho. Tratem de desamarrá-los e trazê-los aqui. Se alguém reclamar, respondam que o Senhor necessita deles e logo os devolverá".

Mateus comprova que Jesus já havia preparado o terreno para seu desempenho em Jerusalém. Tanto que sabia que os discípulos encontrariam a jumenta e o jumentinho. Prevenido de que Jesus mandaria buscá-los, alguém os colocara em um ponto estratégico. A montaria dos reis de Israel era a mula (*1Reis* 1,33). Jumento era montaria de pobre (*Zacarias* 9,9), ainda que usado pelos patriarcas (*Gênesis* 49, 11 ou 1; 22,3; 44,3).

Assim, neste acontecimento, cumpria-se o oráculo do profeta: "Dizei à filha de Sião: Eis que teu rei vem a ti cheio de doçura, montado numa jumenta, num jumentinho, filho da que leva o jugo" (*Zacarias* 9,9).

Os discípulos foram cumprir a ordem de Jesus. Trouxeram a jumenta e o jumentinho, cobriram-nos com seus mantos e fizeram-no montar. Então, a multidão estendia os mantos pelo caminho, corta-

---

179. Betfagé, conhecida pelo cultivo de figos, era uma aldeia a leste de Jerusalém.

> va ramos de árvores e espalhava-os pela estrada. E toda aquela gente que o precedia e seguia clamava: "Hosana ao filho de Davi! Bendito seja aquele que vem em nome do Senhor! Hosana no mais alto dos céus!" (*Salmo* 118,25ss).
> Quando Jesus entrou em Jerusalém, toda a cidade, agitada, se perguntava: "Quem é este?" Muitos respondiam: "É Jesus, o profeta de Nazaré da Galileia"[180].

Quando um novo rei era coroado em Israel, a população estendia seus mantos sobre a via trafegada por ele (*2Reis* 9,13).

> Jesus entrou no Templo e expulsou dali todos que faziam comércio. Derrubou as mesas dos cambistas e as bancas dos negociantes de pombas, e bradou: "Está escrito: 'Minha casa é casa de oração' (*Isaías* 56,7), mas vocês fizeram dela um covil de ladrões (*Jeremias* 7,11)!"[181]

Eis a mais subversiva atitude de Jesus: expulsar do Templo cambistas e comerciantes e ainda qualificar o recinto religioso, como fez o profeta Jeremias seis séculos a.C., de antro de ladrões! Foi a gota d'água!

Como observa o biblista Overman[182], "no tempo de Jesus havia quem visse o Templo como um braço do imperialismo romano. Aos olhos de muitos líderes populares, o Templo servia para apoiar e defender o domínio e a administração romanos na terra de Israel. [...] Os líderes do Templo eram cúmplices de Roma e,

---

180. A narrativa guarda analogia com a coroação de Salomão como rei de Israel (*1Reis* 1,32-40): ambos foram chamados de "filho de Davi"; Salomão entrou montado na mula de Davi; ambas as procissões estavam cercadas por multidão; Jerusalém se encontrava agitada.

181. Jeremias denunciou a corrupção frequente no Templo de Jerusalém e previu sua destruição em 586 a.C. Jesus previu aqui que o mesmo poderia voltar a acontecer.

182. *Op. cit.*, p. 321.

por isso, procuravam estender o controle, a usura e a expansão dos romanos".

O Templo atraía fiéis de toda a orla do Mediterrâneo, sobretudo nas grandes festas religiosas, e o Sinédrio só admitia que os sacrifícios oferecidos fossem pagos numa única moeda, o siclo, cunhada em prata. Era preciso fazer câmbio para, em seguida, comprar os animais sacrificados, entre os quais pombas. Daí o intenso comércio que havia ali dentro e, com ele, as falcatruas.

> Os cegos e os coxos encontram Jesus no Templo e ele os curou, o que suscitou grande indignação dos chefes dos sacerdotes e dos escribas que assistiam a seus milagres e ouviam as crianças gritarem no Templo: "Hosana ao filho de Davi!"[183] Por isso, advertiram Jesus: "Escuta o que eles estão dizendo?" "Perfeitamente", respondeu Jesus. Nunca leram estas palavras: 'Da boca das crianças e dos bebês tirastes o vosso louvor'" (*Salmo* 8,3)?
> Em seguida, Jesus os deixou e saiu da cidade para se hospedar em Betânia.

Mateus, como judeu que, ao aderir a Jesus, passou a ter uma visão crítica do Templo, narra apropriadamente as curas dos cegos e coxos para sublinhar que os religiosos do Templo já não enxergavam o projeto de Deus nem tinham pernas para caminhar em sua direção.

As crianças e os bebês simbolizam a nova fé suscitada pelo Nazareno.

Em Betânia morava a família amiga de Jesus: Lázaro e suas irmãs Marta e Maria[184].

> Pela manhã, ao retornar à cidade, Jesus sentiu fome. Ao avistar uma figueira à beira do caminho,

---

183. "Hosana" é uma expressão hebraica que significa "Libertai-nos!"
184. *Lucas* 10,39-42; *João* 11,3-4.24-27.

aproximou-se, mas só encontrou folhas[185]. Então, praguejou: "Jamais produza frutos!" No mesmo instante a figueira secou.

Ao ver aquilo, os discípulos ficaram perplexos e comentaram: "Como a figueira secou num instante?!" Respondeu-lhes Jesus: "Garanto que se vocês tiverem fé e não hesitarem, não apenas farão o que fiz a esta figueira, mas ainda se disserem a esta montanha: 'Erga-se e se jogue no mar, isso acontecerá!' Tudo que pedirem com fé na oração, vocês alcançarão".

A figueira seca simboliza o Templo estéril, como hoje tantas Igrejas e religiões que não dão frutos de justiça, fecham as portas e o coração aos excluídos, praticam as mais desprezíveis discriminações.

Mateus se vale do episódio para reforçar a espiritualidade das primeiras comunidades ao realçar o poder da oração, que nutre a nossa fé.

Jesus fez um paralelo com a vara de porcos precipitada no lago (8,32) ao apontar o Monte Moriá, sobre o qual se erguia o Templo: "...se disserem a esta montanha: 'Erga-se e se jogue no mar, isso acontecerá!'" Expressou, assim, total repúdio ao símbolo máximo de religião de seu povo.

Jesus se dirigiu ao Templo. Enquanto ensinava ali, os chefes dos sacerdotes e os anciãos do povo se aproximaram e perguntaram-lhe: "Com que direito você ensina aqui? Quem o autorizou?" Respondeu-lhes Jesus: "Vou propor também a vocês uma questão. Se responderem, direi com que direito ensino aqui. De onde procedia o batismo de João: do céu ou dos homens?"

---

185. A figueira era um dos símbolos do povo de Israel (*Oseias* 9,10), assim como a videira e a oliveira. A videira símbolo dos privilégios espirituais, a figueira, dos privilégios nacionais e a oliveira, dos privilégios religiosos.

> Ora, eles confabularam entre si: "Se respondermos: Do céu, ele nos dirá: 'Por que não creram nele?' E se dissermos: 'Dos homens, nossos fiéis ficarão indignados, porque todo o mundo considera João um profeta". Responderam a Jesus: "Não sabemos". "Pois eu tampouco direi", objetou Jesus, "com que direito faço o que faço".

Jesus era muito inteligente, não caía em ciladas, devolvia a pergunta a quem o provocasse. E ao evocar João Batista, venerado pelo povo, fechou a boca das autoridades religiosas.

> "O que vocês opinam? Um homem tinha dois filhos. Dirigiu-se ao primeiro e disse: 'Meu filho, vai trabalhar hoje no vinhedo'. O rapaz respondeu: 'Não estou disposto'. Mas, pouco depois, tocado pelo arrependimento, foi'.
> Dirigiu-se depois ao outro e disse a mesma coisa. O filho respondeu: 'Vou sim, pai!' Mas não foi. Qual dos dois fez a vontade do pai?" "O primeiro", responderam. E Jesus concluiu: "Garanto a vocês: os publicanos e as prostitutas precederão vocês no Reino de Deus! João veio até vocês pregar o caminho da justiça, e não creram nele. No entanto, os publicanos e as prostitutas acreditaram nele. E vocês, mesmo presenciando isso, nem assim se arrependeram e creram nele".

Jesus se encontrava no Templo questionando as autoridades religiosas. Comparou-as ao filho que se comprometeu a cuidar do vinhedo – símbolo de Israel –, mas nada fez para executar o projeto do Reino. Para bom entendedor meia palavra basta...

Mas, não satisfeito, Jesus foi mais radical ao afirmar aos chefes dos sacerdotes e escribas que publicanos e prostitutas haveriam de precedê-los no Reino de Deus. Suprema ofensa, porque aquelas autoridades tinham total desprezo pelos publicanos – como bem sabia Mateus –, por cobrarem impostos a favor dos ocupantes romanos, e pelas prostitutas, consideradas abomináveis de tanta impureza. E Jesus contrapôs a espiritualidade legalista deles à de João, baseada na prática da justiça.

"Escutem outra parábola: um pai de família plantou uma vinha. Cercou-a com uma sebe, cavou um lagar e edificou uma torre. E após arrendá-la a camponeses, deixou o país."

"Na época da colheita, enviou seus servos aos camponeses para recolher o produto de sua vinha. Mas os camponeses agarraram os servos, feriram um, mataram outro e apedrejaram o terceiro. O dono da vinha enviou outros servos, em maior número que os primeiros, e fizeram-lhes o mesmo. Enfim, enviou seu próprio filho, dizendo: 'Hão de respeitar meu filho'. Os camponeses, porém, ao avistar o filho, comentaram entre eles: 'Eis o herdeiro! Vamos matá-lo e ficaremos com a sua herança!' Trataram de agarrá-lo, conduziram-no para fora da vinha e o assassinaram."

"Agora me digam: quando o dono da vinha voltar, o que fará com aqueles arrendatários?" Responderam-lhe: "Mandará matar sem piedade aqueles miseráveis e arrendará a vinha a outros que lhe pagarão devidamente o produto". Jesus acrescentou: "Nunca leram nas Escrituras: 'A pedra rejeitada pelos construtores tornou-se a pedra angular; isto é obra do Senhor, e é admirável aos nossos olhos' (*Salmo* 117,22)? Por isso, afirmo a vocês: o Reino de Deus será tirado de vocês, e será dado a um povo que produzirá muitos frutos. Quem cair sobre essa pedra, ficará em pedaços; e aquele sobre quem ela cair, será esmagado".

Ao ouvir isso, os chefes dos sacerdotes e os fariseus compreenderam que Jesus se referia a eles. E procuravam prendê-lo; mas temiam a reação popular, pois o povo o considerava um profeta.

O "pai de família" é obviamente Deus, que nos entregou a Criação. Ele enviou patriarcas e profetas à humanidade na esperança de que fossem ouvidos e, assim, fosse "feita a sua vontade", conforme oramos no *Pai-nosso*. Enfim, nos enviou Jesus de Nazaré, também assassinado como muitos que o precederam. O povo herdeiro do projeto, "que produzirá muitos frutos", são todos aqueles que abraçam o projeto civilizatório do Reino.

"A pedra rejeitada pelos construtores tornou-se a pedra angular." Imagem retirada das edificações da época, todas elas de pedra. Os mestres de obras selecionavam as pedras destinadas à construção de um edifício e rejeitava as defeituosas (*Salmo* 118,22ss). Jesus foi a pedra rejeitada...

Capítulo 22

Jesus voltou a falar por meio de parábolas: "O Reino dos Céus se compara a um rei que celebrava o casamento de seu filho. Enviou seus servos para convocar os convidados, mas eles não quiseram vir. Enviou outros ainda, dizendo-lhes: 'Digam aos convidados que meu banquete já está preparado; bois e animais cevados estão mortos; tudo está pronto. Venham à festa!' Mas, sem se importarem com o convite, um foi para a zona rural; outro, cuidar de seu comércio. Outros agarraram os servos, insultaram-nos e os mataram.
Ao saber disso, o rei ficou muito indignado. Enviou suas tropas, matou aqueles assassinos e incendiou a cidade deles. Disse em seguida aos servos: 'A festa está preparada, mas os convidados não a mereceram. Vão às encruzilhadas dos caminhos e convidem para o casamento todos que vocês encontrarem'.
Os servos se espalharam pelas estradas e juntaram todos que acharam, maus e bons, de modo que a sala do banquete ficou repleta de convidados.
Quando o rei entrou para recepcioná-los, viu ali um homem que não vestia traje de festa. Perguntou a ele: Amigo, como entrou aqui sem traje de festa? O homem nada respondeu. O rei, então, deu ordem aos servos: 'Amarrem os pés e as mãos dele e joguem-no na escuridão. Ali haverá choro e ranger de dentes. Porque muitos são os chamados, e poucos os escolhidos'".

Como vemos, Jesus era um bom contador de histórias. Dominava a arte das metáforas. E esta parábola é muito evidente: o rei é Deus e, seu filho, Jesus. Interessante constatar que o próprio Jesus compara sua presença entre nós com e como uma festa de casamento! Ou seja, núpcias de amor.

Ali está a crítica de Mateus a seus conterrâneos judeus: a festa foi preparada para eles – ou seja, a vinda do Messias –, mas não deram importância ao convite. Então o rei convidou os excluídos, os que "se encontravam nas encruzilhadas dos caminhos"; ou seja, gente em situação de rua. Mas foi visto, na recepção, um penetra que "não vestia traje de festa". Concluo que se tratava de alguém com trajes finos, e não andrajosamente vestido como costumamos ver naqueles que vivem nas ruas. Por isso o puseram para fora da festa.

> Os fariseus se reuniram para traçar um plano de como induzir Jesus a tropeçar em suas próprias palavras. Enviaram seus discípulos, acompanhados de herodianos, ao encontro de Jesus: "Mestre, sabemos que o senhor é fiel à verdade e ensina o caminho de Deus com transparência, sem se importar com ninguém, porque não julga as pessoas pela aparência. Diga-nos, pois, a sua opinião: Devemos ou não pagar o imposto a César?"[186] Jesus percebeu a malícia e respondeu: "Por que me põem à prova, hipócritas? Mostrem-me a moeda com a qual se paga o imposto!" Exibiram-lhe um denário. Jesus indagou: "De quem é esta imagem e esta inscrição?" "De César", responderam-lhe. Então

---

186. "A pergunta é clara e pede a Jesus uma opinião autorizada como mestre. Apresentam-se como israelitas piedosos que têm escrúpulo de consciência. Fora precisamente a introdução do tributo a César que provocara a rebelião de Judas no Templo, no ano 6 d.C. Os zelotas sustentavam que reconhecer o senhorio do imperador mediante o pagamento do tributo opunha-se diretamente ao primeiro mandamento, que manda reconhecer a Deus como único Senhor (*Deuteronômio* 6,5) (Mateos; Camacho, 1993, p. 252).

Jesus concluiu: "Devolvam, portanto, a César o que é de César, e a Deus o que é de Deus". A resposta os surpreendeu e, logo, eles se retiraram.

Esse tipo de pegadinha ainda é usado com frequência hoje em dia, sobretudo por entrevistadores maliciosos. Fariseus e herodianos pertenciam a facções políticas divergentes. Os primeiros se opunham à ocupação romana da Palestina. Os segundos, discípulos de Herodes, apoiavam o imperador romano. No entanto, Jesus foi considerado uma ameaça por ambos os partidos, que fizeram aliança para atacá-lo.

Por se julgarem espertos, capazes de levar Jesus a cair em contradição e tropeçar na própria língua, fariseus e herodianos armaram-lhe uma cilada: pagar ou não o imposto cobrado pelo Império Romano? Se Jesus dissesse que "sim", estaria legitimando a ocupação imperial da Palestina e, assim, perderia prestígio popular. Se respondesse que "não" desafiaria o poder romano e seria acusado de sedição.

Para eles, Jesus estava na posição do tripulante que não sabe nadar e cujo barco pega fogo: se ficar, morre queimado; e ao se jogar na água, morre afogado.

Jesus, dotado de aguda inteligência, se livrou da cilada. Pediu que lhe mostrassem um denário, moeda romana de prata que, de um lado, exibia a efígie do imperador cercada pela inscrição "Tibério César, filho augusto do divino Augusto" e, de outro, a imagem de Lívia, mãe do imperador, sentada e segurando um ramo e um cetro.

Jesus não portava dinheiro. Reagiu bravo xingando-os de "hipócritas" e deu-lhes uma resposta surpreendente: Devolvam a César o que é dele, como esta moeda, e que fique lá em Roma, saia daqui, pois esta terra e este povo pertencem a Deus e não a ele.

Naquele mesmo dia, os saduceus, que negavam a ressurreição, também puseram Jesus à prova: "Mestre, Moisés disse: Se um homem morrer sem filhos, seu irmão deve se casar com a viúva e garantir-lhe assim uma posteridade[187]. Ora, havia entre nós sete irmãos. O primeiro se casou e, logo, morreu. Como não tinha filhos, deixou a mulher ao seu irmão. O segundo marido também morreu logo, e o mesmo sucedeu ao terceiro, até o sétimo. Por fim, depois de todos eles, a mulher também morreu. Na ressurreição, de qual dos sete será a mulher, uma vez que todos foram maridos dela?"
Jesus retrucou: "Vocês estão equivocados, não compreendem as Escrituras nem o poder de Deus. Na ressurreição, os homens não terão mulheres nem as mulheres, maridos; serão como os anjos de Deus no céu. Quanto à ressurreição dos mortos, vocês não leram o que Deus disse: 'Eu sou o Deus de Abraão, o Deus de Isaac e o Deus de Jacó'?[188] Ora, ele não é Deus dos mortos, mas dos vivos". Ao ouvir esse ensinamento, o povo ficava ainda mais admirado[189].

Os saduceus não acreditavam na ressurreição por ela não constar dos cinco primeiros livros da Bíblia, que formam o Pentateuco. Eram os únicos livros que aceitavam do Primeiro Testamento[190].

---

187. *Deuteronômio* 25,5.

188. *Êxodo* 3,6.

189. Na polêmica com os saduceus, Jesus não citou nenhum profeta porque eles só aceitavam, do Primeiro Testamento, apenas os cinco livros atribuídos a Moisés: *Gênesis*, *Êxodo*, *Levítico*, *Números* e *Deuteronômio*, que formam a Torá, a bíblia dos judeus. São conhecidos também como Pentateuco.

190. "O que eu gostaria agora de explicar é isso: os fariseus entregaram ao povo muitas observâncias segundo as tradições de seus pais, que não estão escritas na Lei de Moisés. E foram rejeitadas pelos saduceus que dizem que devemos honrar as observâncias que estão em palavra escrita e não as que

"Do *Evangelho de Mateus* a nossa Igreja tirou a base para os sacramentos. Como rito de iniciação ao seguimento de Jesus, encontramos o batismo (28,19). A multiplicação dos pães lembra a Ceia do Senhor (14,19;15,36). A prática eucarística da comunidade aparece claramente na narrativa da última ceia (26,26-29). Havia também a reconciliação dos pecadores. Na cura do paralítico em Cafarnaum, Jesus reivindica o poder de perdoar pecados (9,6). Esse poder é passado à comunidade (18,18). Quanto ao casamento, os membros da comunidade são chamados a vivê-lo numa nova perspectiva; ou seja, como uma comunhão indissolúvel. Mas, ao mesmo tempo, a comunidade se deu conta de que a santidade desse sacramento exigia fidelidade e, quando essa fosse destruída, não só era lícito como necessário separar-se (5,31-32; 19,1-9)"[191].

> Ao ter notícias de que Jesus reduzira ao silêncio os saduceus, os fariseus se reuniram e um deles, doutor da Lei, fez esta pergunta para pô-lo à prova: "Mestre, qual é o maior mandamento da Lei?"[192] Jesus respondeu: "Amará o Senhor, seu Deus, de todo o seu o coração, de toda a sua alma e de todo o seu espírito[193]. Esse é o maior e o primeiro mandamento. E o segundo, semelhante a este, é: 'Amará seu próximo como a si mesmo'[194]. Esses dois mandamentos resumem toda a Lei e os Profetas".

---

são derivadas da tradição de nossos antepassados" (Flávio Josefo. *Antiguidades*, 13.10.6, § 297).

191. Cf. CNBB, 1998, p. 35.

192. Os fariseus consideravam que o mandamento mais importante, que resumia toda a lei de Moisés, era a observância do sábado. Contavam-se na Lei 613 mandamentos, dos quais 365 negativos e 248 positivos. São os "fardos pesados" (*Mateus* 23,4).

193. *Deuteronômio* 6,5.

194. *Levítico* 19,18.

Todo o projeto de Deus se resume em uma única palavra: amor. E esta é a única definição de Deus encontrada no Novo Testamento: "Deus é amor" (*Primeira carta de João* 4,8). A expressão "a Lei e os profetas" resume todas as Escrituras Sagradas.

Jesus, de novo, surpreendeu seus interrogadores: onde eles viam lei, ele via amor. Quanto mais legalista uma religião, mas congelada e retrógrada. Quanto mais amorosa, mais libertadora e transformadora.

> Como os fariseus o cercaram, Jesus interrogou-os: "Que pensam do Messias? De quem é filho?" Responderam: "De Davi!" "Como então", prosseguiu Jesus, "Davi, ao falar sob inspiração do Espírito, chama-o de Senhor, dizendo: 'O Senhor disse a meu Senhor: Senta-se à minha direita, até que eu ponha seus inimigos por escabelo[195] dos teus pés'?[196] Se, portanto, Davi o chama de Senhor, como ele é seu filho?" Ninguém respondeu nada. E, depois daquele dia, ninguém mais ousou desafiá-lo.

Agora Jesus inverteu o debate. É ele quem fez a pergunta. E a fez sem se autoproclamar Messias. Questionou os fariseus quanto à imagem triunfalista que tinham do Messias.

---

195. Pequeno móvel ou banqueta no qual se descansa os pés.

196. *Salmo* 109,1.

Capítulo 23

Ao se dirigir ao povo e a seus discípulos, disse Jesus: "Os escribas e os fariseus têm autoridade para interpretar a lei de Moisés. Observem e façam tudo o que eles dizem, mas não ajam como eles, pois não praticam nada do que pregam. Amarram pesados fardos e colocam nos ombros dos outros, mas eles mesmos não querem movê-los nem com um dedo. Praticam todas as ações para serem vistos pelos outros. Vejam como usam largas faixas[197] na testa e nos braços e põem nas roupas longas franjas com textos das Escrituras. Gostam de ocupar os primeiros lugares nos banquetes e as primeiras cadeiras nas sinagogas, e de ser saudados nas praças públicas e ser chamados de 'mestre' pelos outros. Mas vocês não adotem o título de 'mestre', porque um só é o mestre de vocês, e vocês são todos irmãos. E não chamem ninguém de pai neste mundo, porque um só é o Pai, aquele que está nos céus. Não deixem que os outros chamem vocês de líderes, porque vocês só têm um líder, o Messias. O maior de vocês deve agir como servo. Quem se exalta será humilhado, e quem se humilhar será exaltado".

O relato de Mateus nos permite deduzir que escribas e fariseus tinham poder político e judiciário, e não convinha desafiá-los. Revela ainda que havia disputa de poder nas primeiras comunidades cristãs. Alguns se arvoravam na condição de "mestres".

---

197. Os fariseus, ao orarem, amarravam nos antebraços e na testa pequenas caixas de couro que continham trechos do Primeiro Testamento. Assim, ostentavam publicamente sua piedade...

Ainda hoje, em qualquer instituição, há disputa de poder entre seus adeptos. Em dois anos (2003-2004) como servidor público no Palácio do Planalto, aprendi que o poder não muda ninguém, apenas revela as pessoas como elas são. Isso vale para o presidente da empresa e o chefe do departamento da faxina... Diz o ditado espanhol, "quieres conocer a Juanito, dale um carguito". Mateus enfatiza que não há mestres. Somos todos irmãos e devemos servir uns aos outros.

> "Ai de vocês, escribas e fariseus hipócritas! Vocês fecham as portas do Reino dos Céus. Vocês não entram e nem deixam que outros entrem."

Este capítulo 23 de Mateus é o mais contundente libelo dos evangelhos contra o legalismo religioso, que se apega ao moralismo e à doutrina, e esquece o amor, a justiça e a misericórdia, considerados preceitos fundamentais[198].

Jesus criticou, como hipocrisia, todos que dificultam a adesão das pessoas ao projeto do Reino: a sociedade de amor nas relações pessoais e de partilha de bens nas relações sociais.

Esses fundamentalistas não assumem o projeto do Reino, nem deixam que outros o façam. Insistem em apregoar que "isso é perigoso", "isso é política", "isso é ideologia" etc., e se aferram na defesa do capitalismo como se nele reinassem a liberdade e a democracia. Ora, perguntem a uma faxineira o que ela acha dessa abissal desigualdade social...

> "Ai de vocês, escribas e fariseus hipócritas! Apropriam-se das casas das viúvas, fingindo fazer longas orações. Por isso, serão castigados com muito maior rigor."

---

198. "O único poder que Mateus e seus contemporâneos possuíam contra os senhores locais no contexto colonial da Palestina romana era o da linguagem. O único recurso e esperança era desejar o julgamento do Deus deles sobre as pessoas que supunham haverem corrompido a Lei e a Aliança" (Overman, 1999, p. 354).

Na época, eram os escribas que administravam os bens de uma mulher cujo marido havia falecido. A mulher não era confiável! E eles eram tidos como piedosos, porque se disfarçavam fazendo "longas orações". E ao administrar as propriedades das viúvas, muitos se apropriavam de bens que pertenciam a elas, enganando-as.

> "Ai de vocês, escribas e fariseus hipócritas! Percorrem mares e terras para conseguir um discípulo e quando conseguem fazem dele um filho do inferno duas vezes pior que vocês mesmos."

Como ainda hoje isso é frequente! Grupos religiosos que abraçam o mundo para conquistar fiéis e, ao fazê-lo, conseguem aliená-los ao convencê-los a apoiar causas neofascistas, bélicas, que naturalizam a desigualdade social.

> "Ai de vocês, guias cegos! Vocês dizem: 'Se alguém jurar pelo Templo, isto não vale nada; mas, se jurar pelo tesouro do Templo, fica obrigado pelo seu juramento. Insensatos, cegos! Qual é o maior: o ouro ou o Templo que santifica o ouro? E ainda ensinam: 'Se alguém jurar pelo altar, não vale nada; mas se jurar pela oferta que está sobre ele fica obrigado'. Cegos! Qual o mais importante: a oferta ou o altar que a santifica? Aquele que jura pelo altar jura, ao mesmo tempo, por tudo o que está sobre ele. Aquele que jura pelo Templo, jura, ao mesmo tempo, por aquele que nele se encontra. E aquele que jura pelo céu, jura, ao mesmo tempo, pelo trono de Deus e por aquele que nele está sentado."

Jesus não aprovava juramentos (*Mateus* 5,34-35). Por isso criticou duramente o legalismo religioso que chegava a pormenorizar rituais e considerar que jurar pelo tesouro do Templo tinha mais valor aos olhos de Deus do que jurar pelo Templo... Ah, como hábitos religiosos absurdos induzem a escrúpulos ridículos! Conheci um sacerdote que na missa, na hora da consagração do pão e do vinho, pronunciava as palavras sacramentais com tal ênfase que me parecia fazer tremer o altar! Lembro-me do dia em que, em plena função, tossiu. Em vez de prosseguir, repetiu a oração eucarística como se pronunciasse palavras mágicas...

> "Ai de vocês, escribas e fariseus hipócritas! Pagam o dízimo da hortelã, do endro e do cominho, e desprezam os preceitos mais importantes da Lei: a justiça, a misericórdia e a fidelidade. Eis o que é preciso praticar em primeiro lugar sem, contudo, deixar o restante. Guias cegos! Filtram um mosquito e engolem um camelo"[199].

Isso é típico do legalismo: a lei é rigorosamente obedecida, mas o legalista é incapaz de ser justo com sua faxineira; misericordioso com quem lhe fez uma crítica; fiel a quem lhe tem amor.

> "Ai de vocês, escribas e fariseus hipócritas! Limpam por fora o copo e o prato e, por dentro, vocês estão cheios de roubo e intemperança. Fariseu cego! Limpa primeiro o interior do copo e do prato, para que também o que está fora fique limpo."

São muito estritas as leis de pureza no Primeiro Testamento, em especial no *Levítico*. Os religiosos lavavam várias vezes o mesmo copo ou prato, mas eram incapazes de acolher os enfermos.

Hoje, agimos do mesmo modo quando nos recusamos a cumprimentar com aperto de mão quem sofre de Aids; deixamos de convidar para a festa quem tem pele de cor diferente da nossa; repudiamos o pedinte que, na rua, nos pede dinheiro ou comida. E, no entanto, vamos à igreja... Eis a hipocrisia denunciada por Jesus!

---

199. Os mosquitos mergulhavam nas bebidas. Para evitar engoli-los, os fariseus coavam os líquidos com um pano. Tanto os mosquitos quanto os camelos eram considerados animais impuros pela lei mosaica (*Levítico* 11,4.41-43).

> "Ai de vocês, escribas e fariseus hipócritas! Vocês são parecidos a sepulcros caiados: por fora, parecem formosos, mas por dentro estão cheios de ossos, cadáveres e toda espécie de podridão[200]. Assim também são vocês: por fora parecem justos aos olhos alheios, mas por dentro estão cheios de hipocrisia e iniquidade."

Jesus não teve medo de colocar o dedo na ferida! E quantos de nós não conhecemos líderes religiosos sorridentes e gentis e que, no entanto, extorquem fiéis, pagam mal seus funcionários, submetem os devotos à "teologia" do medo do inferno?

Iniquidade deriva do grego *anomia* e significa negação da lei. Ou seja, escribas e fariseus não cumpriam a Lei que tanto exigiam que outros cumprissem.

> "Ai de vocês, escribas e fariseus hipócritas! Edificam sepulcros aos profetas, enfeitam os monumentos dos justos e dizem: 'Se tivéssemos vivido no tempo de nossos pais não teríamos manchado nossas mãos como eles no sangue dos profetas...' Testemunham assim contra vocês mesmos que são, de fato, filhos dos assassinos dos profetas. Acabem, portanto, de encher a medida de seus pais!"

O historiador Flávio Josefo, quase contemporâneo de Jesus, pois nasceu em 37 d.C., se refere aos túmulos requintados para Abraão e Davi. Jesus sabia que escribas e fariseus planejavam seu assassinato e denunciou a hipocrisia deles, como hoje há quem afirme que se vivesse na Palestina do século I teria reagido à morte cruel de Jesus... E, no entanto, aplaudem quando a polícia mata um bandido ou quando o latifúndio assassina um sem-terra...

> "Serpentes! Raça de víboras! Como haverão de escapar da condenação eterna? Vejam, envio a vocês profetas, sábios e doutores. A uns vocês matam e

---

200. Era comum caiar os sepulcros às vésperas da Páscoa.

> crucificam; a outros, chicoteiam nas suas sinagogas; e os perseguem de cidade em cidade. Desse modo virá sobre vocês todo o sangue inocente derramado sobre a Terra, desde o sangue de Abel, o justo, até o de Zacarias, filho de Baraquias, que vocês assassinaram entre o santuário e o altar[201]. Asseguro a vocês: todos esses crimes pesam sobre vocês."

Jesus fez uma grave acusação aos escribas e fariseus – de que eram cúmplices daqueles que, no passado, haviam assassinado os justos.

Como observa Overman[202], "a frase 'desde o sangue do justo Abel até o sangue de Zacarias, filho de Baraquias' tem o propósito de incluir todos os homicídios cometidos em Israel em todos os tempos. Zacarias, filho de Baraquias é, provavelmente, referência ao Zacarias assassinado na área do Templo em 67 d.C., fato relatado por Josefo"[203].

> "Jerusalém, Jerusalém, que mata os profetas e apedreja aqueles que lhe são enviados! Quantas vezes eu quis reunir seus filhos, como a galinha reúne seus pintinhos debaixo das asas... e você não quis! Pois bem, a sua casa ficou deserta. Porque afirmo a vocês: já não me verão de hoje em diante, até que proclamem: 'Bendito seja aquele que vem em nome do Senhor'."

Jesus lamentou que a cidade santa tivesse se tornado um antro de atrocidades. E o fez com uma imagem afetuosa, a da galinha com seus pintinhos. Imagem frequente no Primeiro Testamento (*Deuteronômio* 32,10s; *Isaías* 31,5; *Salmo* 36,8). Seu lamento ressoou também como um apelo: reconhecer nele o verdadeiro enviado de Deus.

---

201. No Primeiro Testamento, Abel aparece como a primeira vítima de assassinato (*Gênesis* 4,8). Na Palestina do século I, acreditava-se que "Zacarias, filho de Baraquias", tenha sido o último justo assassinado a figurar nas Escrituras sagradas (*2Crônicas* 24,20-22).

202. Overman, 1999, p. 350.

203. *Guerra judaica*, IV, 334-344.

Capítulo 24

Ao sair do Templo, os discípulos disseram para Jesus apreciar as belas construções. Jesus, porém, reagiu: "Estão vendo todos estes edifícios? Posso garantir a vocês: não ficará aqui pedra sobre pedra; tudo será destruído"[204].

Os israelitas consideravam o Templo uma réplica do mundo em microcosmo. E o Universo seria um macrotemplo no qual Deus habita com seu povo.

No ano 70 os romanos, comandados pelo general Tito, filho do imperador Vespasiano, invadiram e destruíram Jerusalém, após cinco meses de cerco. O Templo foi posto abaixo, exceto o muro – conhecido como Muro das Lamentações – que, hoje, sustenta a Mesquita de Omar. Mateus colocou na boca de Jesus um fato posterior à morte do Nazareno.

> Jesus se retirou para o Monte das Oliveiras. Os discípulos, ali a sós com ele, indagaram: "Quando acontecerá isso? E qual será o sinal de sua volta e do fim do mundo?"[205]

---

204. Convém lembrar que Mateus escreveu seu evangelho muitos anos depois que Jerusalém e o Templo já haviam sido arrasados pela invasão das tropas romanas.

205. "Para entender a atitude que se reflete na pergunta é preciso considerar a expectativa escatológica da época. O profeta Daniel apontava um período de setenta anos para a chegada da restauração de Israel e a destruição de seus inimigos (*Daniel* 9,24-27). A profecia referia-se aos acontecimentos da época dos Macabeus. Contudo, ante a falência daquela restauração e o fato de Israel ter voltado a cair sob domínio estrangeiro, tinha-se reinterpretado a profecia. O império destruidor que submetia o povo identificou-se com

> Advertiu-lhes Jesus: "Cuidado para que ninguém engane vocês. Porque muitos virão em meu nome, dizendo: 'Eu sou o Messias'. E enganarão muitos. Vocês ouvirão falar de guerras e rumores de guerra. Prestem atenção: que isso não perturbe vocês, porque é preciso que aconteça. Mas ainda não será o fim. De fato, uma nação lutará contra outra, um reino contra outro reino, e haverá fome, peste e grandes desgraças em vários lugares. Tudo isso será apenas o início das dores. Então, vocês serão entregues a torturas e assassinados por minha causa. Serão odiados por todas as nações. Muitos haverão de fraquejar, haverá traições mútuas e um odiará o outro. Surgirão falsos profetas para enganar muitos. A maldade se espalhará tanto que o amor de muitos esfriará. Entretanto, quem perseverar até o fim será salvo. E esta Boa Notícia sobre o Reino será propagada pelo mundo inteiro para servir de testemunho a todas as nações. Então, chegará o fim".

Mateus escrevia para as comunidades cristãs primitivas que se deparavam com a perseguição dos romanos e dos judeus fundamentalistas. Muitos cristãos fraquejavam na fé, abandonavam a comunidade, retomavam suas práticas religiosas de outrora. O evangelista procura exortá-los a permanecerem firmes no Movimento do Nazareno.

> "Quando vocês virem estabelecida no lugar santo a abominação da desolação predita pelo profeta Daniel (9,27)[206] – que o leitor entenda! –, então

---

o Império Romano, e se esperava a intervenção divina que tirasse Israel daquela situação. O momento da salvação do povo tinha de coincidir com o de maior desastre; quando parecesse tudo perdido e o Templo e Jerusalém fossem destruídos, seria a ocasião da vitória e da instauração do reino messiânico definitivo" (Mateos; Camacho, 1993, pp. 269-270).

206. O profeta Daniel predisse a profanação do Templo de Jerusalém pelo governador pagão Antíoco IV Epifânio (167 a.C.), que saqueou os objetos sagrados e ergueu uma estátua de Zeus, o deus dos gregos.

> os que estiverem na Judeia fujam para as montanhas[207]. Quem estiver no terraço da casa não desça para pegar os bens que se encontram dentro. E aquele que está no campo não volte para buscar suas roupas."
>
> "Ai das mulheres que estiverem grávidas ou amamentando naqueles dias! Orem para que a fuga de vocês não seja no inverno, nem num sábado; porque então a tribulação será tão grande como nunca se viu antes. Se aqueles dias não fossem abreviados, ninguém se salvaria. Mas por causa dos eleitos, aqueles dias serão abreviados."

Mateus, pela boca de Jesus, exorta os cristãos da Judeia a fugirem de lá e escaparem da perseguição. E demonstra preocupação pelas pessoas mais vulneráveis, aqui simbolizadas pelas mulheres grávidas e as que ainda amamentavam. Por que torceu para que a tragédia não ocorresse no inverno? Porque nesta estação do ano os riachos da Palestina ficam inundados pelas chuvas, o que dificultaria a fuga.

E por que Mateus aconselha não fugir num sábado? Porque, segundo a lei mosaica, os judeus não poderiam reagir e seriam facilmente massacrados, como aconteceu com cerca de mil pessoas na luta contra os invasores sírios no tempo dos Macabeus (*1Macabeus* 2,29-38).

> "Então, se alguém apontar: 'Eis, aqui está o Messias!' Ou: 'Ei-lo ali!', não creiam. Porque se levantarão falsos messias e falsos profetas, que farão milagres a ponto de seduzir até mesmo os eleitos, se for possível. Falo isso para vocês antes que aconteça. Se disserem: 'Venham, ele está no deserto', não saiam. Ou: 'Ele está ali naquela casa', não creiam.

---

207. Segundo Eusébio, Padre da Igreja (340 d.C.), quando os romanos invadiram Jerusalém para destruí-la muitos cristãos fugiram para Pela, a Leste do rio Jordão, cujas ruínas arqueológicas estão situadas na atual Jordânia.

> Porque, como o relâmpago parte do Oriente e ilumina até o Ocidente, assim será a volta do Filho do Homem. Onde houver um cadáver, aí se ajuntarão os abutres."

Esta última frase é traduzida do grego em muitas versões de Mateus por "águias", em vez de "abutres". Mas as águias não devoram cadáveres, ao contrário dos abutres. No entanto, a águia figurava em todos os estandartes romanos como símbolo do império. Assim, após alertar os cristãos a não se deixarem iludir por falsos messias, Mateus cria uma metáfora para afirmar que "onde houver um cadáver" – o legalismo esclerosado da religião do Templo – ali "se ajuntarão os abutres", as tropas romanas que invadiram Jerusalém.

> "Logo após esses dias de tribulação, o sol escurecerá, a lua não terá claridade, cairão do céu as estrelas e as potências celestiais serão abaladas. Aparecerá no céu o sinal do Filho do Homem. Todas as tribos da Terra baterão no peito e verão o Filho do Homem vir sobre as nuvens do céu, cercado de glória e majestade. Ele enviará seus anjos com estridentes trombetas, e juntará seus escolhidos dos quatro ventos, de uma extremidade do céu a outra."

Mateus utiliza a linguagem apocalíptica para descrever as atribulações pelas quais passavam as primeiras comunidades cristãs num contexto que lhes era adverso. Inspira-se nas imagens dos profetas *Amós* (8,9); *Isaías* (13,10); *Joel* (2,10) e, em especial, *Daniel* (9,22-27e), que menciona em seu livro a profanação do Templo de Jerusalém (*1Macabeus* 1,54) pelo rei Antíoco Epífanes IV, que invadiu a Palestina em 167 a.C. A linguagem popular – própria de toda a Bíblia – utiliza imagens, metáforas, e não conceitos, como é frequente na linguagem acadêmica.

As sentenças na boca de Jesus foram tomadas de Isaías: "[...] o sol já nascerá escuro e a lua não terá mais o seu clarão" (13,10), "o céu se enrola como pergaminho e seus astros caem como as folhas da parreira e da figueira" (34,4).

Astros como o sol e a lua representam no texto os falsos deuses do mundo pagão que serão vencidos pelo Deus de Jesus.

> "Compreendei isso pela comparação da figueira: quando seus ramos estão tenros e crescem as folhas, vocês sabem que o verão se aproxima. Do mesmo modo, quando virem tudo isso, saibam que o Filho do Homem está próximo, bate à porta. Posso assegurar a vocês: não passará esta geração antes que tudo isso aconteça. O céu e a Terra passarão, mas minhas palavras não. Quanto àquele dia e àquela hora, ninguém sabe, nem mesmo os anjos do céu, mas somente o Pai. Assim como foi nos tempos de Noé, acontecerá na vinda do Filho do Homem. Nos dias que precederam o dilúvio, comiam, bebiam, casavam e davam-se em casamento, até o dia em que Noé entrou na arca. E as pessoas de nada sabiam até o momento em que veio o dilúvio e levou todas (*Gênesis* 6,9-12). Assim será também na volta do Filho do Homem. Dois homens estarão no campo: um será levado, o outro será deixado. Duas mulheres moerão no mesmo moinho: uma será levada e outra será deixada."
>
> "Vigiem, portanto, porque não sabem a hora em que virá o Senhor. Se o pai de família soubesse em que hora da madrugada viria o ladrão, vigiaria e não deixaria arrombar a casa. Por isso, estejam também preparados, porque o Filho do Homem virá numa hora em que menos se espera."

Mateus escreve para reforçar a frágil esperança das comunidades cristãs. Diante de tanta destruição e perseguição, sublinha que o Messias – aqui intitulado de "Filho do Homem", expressão usada pelo profeta Daniel (8,17) –, logo se manifestará. Mas ninguém sabe em que dia e hora, somente Deus. E ele virá separar o joio do trigo. Por isso o evangelista exorta as comunidades a estarem preparadas para não serem surpreendidas como a geração do tempo de Noé ou o pai de família em cuja casa o ladrão entrou.

> "Quem é, pois, o servo fiel e prudente que o Senhor constituiu sobre sua família para dar-lhes o alimento no momento oportuno? Bem-aventurado aquele servo a quem seu senhor, na volta, encontrar procedendo assim! Garanto a vocês: ele o encarregará de cuidar de todos os seus bens. Mas se é um canalha[208], imagina consigo: 'Meu patrão demora a chegar', e se põe a bater em seus companheiros e a comer e a beber com os ébrios. O patrão desse servo virá no dia em que ele não espera e na hora que ele não sabe, e o despedirá e o mandará para o destino dos hipócritas: ali haverá choro e ranger de dentes."

Mateus continua alertando as comunidades primitivas a se prepararem na esperança do retorno do Messias.

---

208. "O grego *kakos* significa desde 'mau/mal-intencionado' até 'criminoso'. Dada a conduta que se descreve em seguida, 'mau' é demasiado fraco'" (Mateos; Camacho, 1993, p. 276).

Capítulo 25

Neste capítulo, Jesus nos narra três parábolas: a das moças prudentes; a dos talentos; e a do Juízo Final. A primeira trata da fidelidade à expectativa do Reino; a segunda, de como atuar para que ele se instale e da imagem que se tem de Deus; e a terceira, do fim dos tempos de opressão e injustiça e da verdadeira ressurreição.

"Então, o Reino dos Céus será semelhante a dez moças que saíram com suas lamparinas ao encontro do noivo. Cinco delas eram negligentes e cinco, prudentes. Ao tomar em mãos suas lamparinas, as negligentes não levaram óleo consigo. As prudentes, levaram vasos de óleo de reserva junto com as lamparinas."

"Como o noivo demorou a chegar, todas cochilaram e adormeceram. De madrugada, ouviu-se um clamor: 'Eis o noivo, corram ao encontro dele'. As moças despertaram e prepararam suas lamparinas. As negligentes disseram às prudentes: 'Deem-nos um pouco de óleo, porque nossas lamparinas estão apagando'. As prudentes responderam: 'Não temos óleo suficiente para nós e vocês; é melhor comprarem'."

"Ora, enquanto foram comprar, chegou o noivo. As que estavam preparadas entraram com ele para a sala das núpcias e a porta foi fechada. Mais tarde chegaram as outras e suplicaram: 'Senhor, senhor, abra a porta, queremos entrar!' Ele retrucou: 'Não conheço vocês!' Vigiai, portanto, porque não se sabe nem o dia, nem a hora."

Como educador popular, Jesus tirava do cotidiano de seu povo as imagens de suas parábolas. No matrimônio judaico, que durava vários dias, o noivo devia ir à casa da noiva celebrar o casamento. E seu caminho era iluminado por dez moças portando lamparinas.

O noivo é o Senhor e, as núpcias, nosso encontro definitivo com Ele. Não sabemos o dia nem a hora. Mas é preciso estar preparado com suficiente combustível amoroso para desfrutar da vida eterna.

> "Será [o Reino de Deus] também como um homem que, tendo de viajar, reuniu seus servos e lhes confiou seus bens. A um deu cinco talentos[209]; a outro, dois; e a outro, um, segundo a capacidade de cada um. Depois, viajou para o exterior.
> O servo que recebeu cinco talentos soube investi-los e ganhou outros cinco. Do mesmo modo, o que recebeu dois, ganhou outros dois. Mas o que recebeu apenas um cavou um buraco na terra e escondeu o dinheiro recebido do patrão.
> Tempos depois, o patrão retornou e pediu que prestassem contas. O que havia recebido cinco talentos apresentou outros cinco: 'Senhor, a mim foram confiados cinco talentos; eis aqui outros cinco que ganhei'. Disse-lhe o patrão: 'Muito bem, servo bom e fiel; já que foi fiel no pouco, eu lhe confiarei muito mais. Venha participar da minha alegria'.
> O que recebeu dois talentos se apresentou e disse: 'Senhor, a mim foram confiados dois talentos; eis aqui os dois outros que lucrei'. Disse-lhe o patrão: 'Muito bem, servo bom e fiel; já que foi fiel no pouco, vou lhe confiar muito mais. Venha participar de minha alegria'.
> Apresentou-se, por fim, o que recebeu só um talento: 'Senhor, eu sabia que é um homem duro, que colhe onde não semeou e recolhe onde não espalhou. Por isso, tive medo e escondi o talento num

---

209. Um talento equivalia a 34 quilos de ouro!

buraco. Ei-lo aqui, toma o que lhe pertence'. Retrucou-lhe o patrão: 'Servo mau e preguiçoso! Sabia que colho onde não semeei e que recolho onde não espalhei. Você devia ter levado meu dinheiro ao banco e, na minha volta, eu receberia com os juros o que é meu'.

Em seguida, o patrão ordenou: 'Tomem dele o talento e entreguem ao que tem dez. Porque àquele que tem, mais será dado. E daquele que não tem, até o que não tem lhe será tirado. A esse servo inútil, jogai-o nas trevas; ali haverá choro e ranger de dentes'."

Esta parábola tem sido interpretada como se o patrão representasse Deus e os talentos os dons que Ele nos deu, que devemos saber multiplicar. Ora, nada mais equivocado. Talento, aqui, se refere à soma de dinheiro. A moeda de um talento equivalia a 6 mil denários, como frisei acima. E este patrão não merece ser comparado a Deus. O homem que afirma "colho onde não semeei e recolho onde não espalhei" mais se assemelha a um banqueiro, que vive de administrar o dinheiro dos outros. E isso é reiterado pelo servo que recebeu apenas um talento: "Senhor, eu sabia que é um homem duro, que colhe onde não semeou e recolhe onde não espalhou". Só quem se apropria do trabalho dos outros, como faz o capitalista, "colhe onde não semeou e recolhe onde não espalhou". E isso é confirmado pelo próprio patrão: "Servo mau e preguiçoso! Sabia que colho onde não semeei e recolho onde não espalhei". Ora, jamais se pode comparar a Deus esta figura do patrão explorador!

Não devemos ler esta parábola pela ótica do patrão, e sim pela dos servos. Nesse sentido, a parábola denuncia a concentração de riqueza em mãos de poucos, os lucros exorbitantes apropriados por quem explora o trabalho alheio. Os servos que receberam 2 e 5 talentos são os oprimidos que pensam conforme a cabeça do opressor. Só o servo contemplado com 1 talento rompeu a lógica do sistema. Ousou recusar a trabalhar para que o patrão lucrasse à custa dele. Não consentiu que a pobreza dele significasse a riqueza do patrão. Pagou caro por sua atitude rebelde: "Tomem dele o talento e entreguem ao que tem dez. Porque àquele que tem, mais será dado. E daquele que não tem, até o que não tem lhe será tirado. A esse servo inútil, jogai-o nas trevas; ali haverá choro e ranger de dentes".

Impressionante a semelhança com a sociedade capitalista na qual vivemos hoje! São os pobres que, proporcionalmente, mais pagam impostos através do que consomem. E toda vez que um banco entra em crise, o governo trata de socorrê-lo com o nosso dinheiro! "Àquele que tem, mais será dado". E, como acontece com inúmeros revolucionários que ousam se opor ao sistema, o servo contestador foi duramente punido.

É sintomático que a comunidade de Mateus tenha colocado esta parábola no último discurso de Jesus, que antecede a descrição do Juízo Final. Em seguida, vai demonstrar que os oprimidos terão a última palavra sobre a história. Haverão de vencer a opressão![210]

> "Quando o Filho do Homem voltar na sua glória e todos os anjos com ele, se sentará no seu trono glorioso. Todas as nações se reunirão diante dele, e ele separará uns dos outros, como o pastor separa as ovelhas dos cabritos. Colocará as ovelhas à sua direita e os cabritos à sua esquerda. Então, dirá aos que estão à direita: 'Venham vocês, abençoados por meu Pai, tomem posse do Reino que está preparado desde a Criação do mundo, porque tive fome e me deram de comer; tive sede e me deram de beber; era refugiado e me acolheram; sem roupa, e me vestiram; enfermo, e cuidaram de mim; estava na prisão e me visitaram'.
> Os justos lhe perguntarão: 'Senhor, quando o vimos com fome e demos de comer? Com sede e de-

---

210. Cf. Vasconcellos e Da Silva. *Op. cit.*, 1999, p. 34-36.

mos de beber? Quando o vimos refugiado e o acolhemos; sem roupa, e o vestimos? Quando o vimos enfermo ou na prisão e fomos visitá-lo?'
O Rei responderá: 'Asseguro a vocês: todas as vezes que fizeram isso a um destes meus irmãos mais oprimidos, foi a mim que o fizeram'."

Mateus é o único evangelista a citar esta parábola, inspirada na atividade dos pastores da Palestina. Cabritos e ovelhas não podem dormir juntos, por isso eram separados. As ovelhas gostam de permanecer ao ar livre, enquanto os cabritos buscam abrigo para se aquecer.

A parábola lembra a do joio e do trigo que no campo crescem juntos (13,24-30). Os dois relatos frisam que não se deve precipitar no julgamento das pessoas. É no "conjunto da obra" que elas se revelam.

Há três fatores que tornam esta parábola muito especial e de forte conotação teológica: primeiro, aqueles que indagarão "Senhor, quando o vimos com fome e demos de comer? etc.", pois sequer tinham fé. No entanto, amaram ("todas as vezes que fizeram isso a um destes meus irmãos mais oprimidos, foi a mim que fizeram") e, assim, cumpriram a vontade de Deus, levaram adiante o projeto do Reino, participaram da implantação de uma sociedade de justiça e paz. O segundo fator é a posição que a parábola ocupa no *Evangelho de Mateus*, bem junto às descrições do assassinato e da ressurreição de Jesus. É como um fecho de ouro que salienta a culminância do projeto do Reino, os sinais de que, afinal, o mundo ressuscitou: os famintos se alimentam; os sedentos saciam a sede; os refugiados e sem-teto têm moradia; os despidos se vestem; os enfermos são curados; os oprimidos são libertados.

O terceiro fator é que Deus não está onde muitos pensam que Ele está: nas igrejas, nos altares, nas leis das religiões. "Jesus mostra que Deus está onde ninguém pensa que Ele está. É a redefinição do lugar da presença de Deus. Ele está nos malditos do sistema (cf. *Isaías* 57,15). Os malditos se tornam benditos. Jesus se identifica com essas pessoas!"[211]

> "Ele se voltará em seguida para os da sua esquerda e lhes dirá: 'Afastem-se de mim, malditos! Vão para o fogo eterno destinado ao demônio e a seus anjos. Porque tive fome e não me deram de comer; tive sede e não me deram de beber; era refugiado e não me acolheram; estava nu e não me vestiram; enfermo e na prisão e não foram me visitar'.
> Também lhe perguntarão: 'Senhor, quando o vimos com fome, sede, refugiado, nu, enfermo ou na prisão e não o socorremos?' E ele responderá: 'Garanto a vocês: todas as vezes que deixaram de fazer isso a um desses oprimidos, foi a mim que deixaram de fazer'. Estes irão para o castigo eterno e os justos para a vida eterna."

Esta parábola do Juízo Final é o centro de todos os evangelhos. Nela está resumido todo o projeto de Deus. Acentua que 1) Deus quer ser preferencialmente servido na libertação dos oprimidos; 2) Deus se identifica com os oprimidos. Quem serve ao oprimido, serve a Cristo; 3) Muitos indagarão "quando o vimos em situação de opressão?" São aqueles que não têm fé, são ateus, mas se engajam nas lutas em favor dos oprimidos e, portanto, agradam a Deus; 4) Só se ama a Deus amando os oprimidos. Fora dos pobres não temos salvação; 5) Não é Deus quem nos julga, é a nossa prática. Os opressores são excluídos do Reino; os libertadores, incluídos; 6) Jesus enfatizou na parábola que a omissão é um grave pecado que pode nos condenar.

Quem assume essa prática libertadora "ressuscita" as pessoas excluídas, faz com que recobrem a vida, a alegria, a esperança. "Quem não ama o seu irmão, a quem vê, não poderá amar a Deus, a quem não vê" (*Primeira Carta de João* 4,20).

---

211. CNBB, 1998, p. 144.

Capítulo 26

Ao terminar de narrar as parábolas, Jesus disse aos discípulos: "Vocês sabem que daqui a dois dias será a Páscoa, e o Filho do Homem será entregue para ser crucificado".
Então, os sacerdotes e os anciãos do povo reuniram-se no pátio do sumo sacerdote, chamado Caifás, e deliberaram sobre os meios de prender Jesus numa cilada e matá-lo. E comentavam entre eles: "Não vamos fazer isso durante a festa, para não provocar revolta popular".

O comentário das autoridades judaicas reunidas no pátio da casa de Caifás comprova o prestígio popular angariado por Jesus.

Jesus se encontrava em Betânia[212], na casa de Simão, que sofria de hanseníase. Quando estava à mesa, aproximou-se dele uma mulher com um vaso de alabastro, cheio de perfume muito caro, e derramou-o na sua cabeça[213]. Ao ver aquilo, os discípulos comentaram indignados: "Por que tanto desperdício? Este perfume poderia ser vendido por um bom preço e o dinheiro encaminhado aos pobres".
Jesus escutou e reagiu: "Por que falam mal desta mulher? Ela me fez uma boa ação. Vocês sempre estarão do lado dos pobres. Mas nem sempre me terão ao lado de vocês. Ela derramou esse perfume em meu corpo para me preparar para a sepultura. Posso afirmar a vocês: em toda parte onde for anunciada a proposta do Reino será contado o que ela fez".

---

212. Aldeia situada a cerca de 3,2km de Jerusalém. Ali habitavam os irmãos Marta, Maria e Lázaro, amigos de Jesus.

213. Tudo indica tratar-se de nardo, óleo muito aromático, utilizado para ungir autoridades (reis, profetas) e enfermos.

Em muitas traduções dos evangelhos consta "vocês sempre terão pobres", como se Jesus tivesse legitimado a desigualdade social e dado a entender que a diferença entre pobres e ricos é tão natural quanto o dia e a noite. O que Jesus quis dizer é que seus discípulos sempre farão opção pelos pobres (ou deveriam fazer...), seja pobreza material ou espiritual (dependentes químicos; portadores de deficiência mental; depressivos crônicos etc.).

Jesus não tinha preconceitos. Frequentava a casa de um amigo que sofria de hanseníase! Aos olhos dos fariseus, a enfermidade era castigo de Deus.

Mateus faz da casa de Simão um espelho das comunidades cristãs, sem preconceitos diante dos sem saúde (Simão) e dos sem nome (a mulher do perfume). Entre eles, está Jesus!

Há pessoas que gostam de mirar o cisco no olho alheio e não enxergam a trave no próprio. Criticam quem, por exemplo, investe dinheiro para promover uma festa. Foi o que fizeram os discípulos ao ver a mulher perfumar o corpo de Jesus com um perfume caro. Porém, Jesus não tinha esses escrúpulos. Tanto que seu primeiro milagre foi transformar a água em vinho (*João* 2,1-11) para não deixar a festa acabar...[214]

Jesus questionou os discípulos porque sabia que doação de bens não resolve o problema da pobreza, e sim a partilha de bens, que o sistema capitalista insiste em negar. Ao contrário, apregoa que se deve acumular!

---

214. "Mas não é só a cultura cristã que desconsidera a mulher. A maioria das culturas é igualmente preconceituosa nesse ponto e ficaria igualmente escandalizada com Jesus, que apreciava o perfume e o afeto de uma mulher, e insistia em que a memória da ternura de uma mulher fosse preservada por onde quer que o evangelho fosse proclamado (*Mateus* 26,12). Essa memória sempre encontrou resistência no seio do Cristianismo histórico, como provavelmente encontraria na maioria das culturas" (HOORNAERT, E. Igreja e mulher. Artigo divulgado por e-mail em abril de 2023).

> Então, um dos Doze, chamado Judas Iscariotes, foi ao encontro dos sacerdotes e perguntou: "Se eu entregar Jesus, o que receberei em troca?" Acertaram pagar-lhe trinta moedas de prata[215]. E, a partir de então, Judas procurava ocasião favorável para trair Jesus.

Não há consenso sobre o que motivou Judas a trair Jesus. Uma hipótese é que ele acreditava que Jesus, em vida, derrubaria o reino de César e implantaria o de Deus. Ao se dar conta de que o messianismo do Mestre não era uma proposta milagrosa e imediata, teria se decepcionado.

> No primeiro dia dos ázimos[216], os discípulos aproximaram-se de Jesus e perguntaram: "Onde devemos preparar a ceia pascal?" Jesus indicou-lhes: "Vão até a cidade e procurem certa pessoa e digam a ela: 'O Mestre manda dizer: Meu tempo está próximo. É em sua casa que celebrarei a Páscoa com meus discípulos'".

Ázimos eram os pães sem fermento, em memória da travessia dos hebreus no deserto ao se libertarem da escravidão no Egito. Comia-se por ocasião da Páscoa, que na tradição judaica celebra aquela libertação. E assim como na Páscoa cristã não pode faltar chocolate na forma de ovo (símbolo da vida que haverá de emergir), na judaica não pode faltar carne de cordeiro. Porque, ao castigar os egípcios, o anjo exterminador identificou as casas dos hebreus pelos batentes das portas tingidos com sangue de cordeiro (*Êxodo* 12,13).

Jesus movia-se semiclandestino em Jerusalém. Sabia que o cerco apertava em torno dele. Também me movi semiclandestinamente por São Paulo quando a repressão da ditadura militar

---

215. Valor de um escravo (*Êxodo* 21,32).

216. Véspera da Páscoa.

começou a apertar o cerco em torno de mim, em 1968. Mantinha contatos com os companheiros de luta através de "pontos" – ou seja, em locais abertos, como praças ou avenidas espaçosas –, de modo a poder examinar, a distância, se havia presenças policial ou suspeita. E muitas vezes não tínhamos nenhuma ideia da verdadeira identidade do companheiro ou companheira contatado. Identificávamos por um sinal, como portar um exemplar da revista *Veja* ou perguntar por determinada rua.

Tudo indica que Jesus viveu esse mesmo processo, pois buscou um lugar discreto para comemorar a ceia pascal e mandou que os discípulos buscassem "certa pessoa" que haveria de levá-los ao local[217].

> Os discípulos fizeram o que Jesus havia indicado e prepararam a Páscoa. Ao entardecer, Jesus se sentou à mesa com os doze discípulos. Durante a ceia, disse: "Posso afirmar com segurança: um de vocês há de me trair".
> Eles ficaram muito angustiados, e cada um começou a perguntar: "Sou eu, Senhor?" Respondeu ele: "Aquele que colocar comigo a mão no prato, esse me trairá. O Filho do Homem vai morrer, conforme a Escritura. Mas ai daquele por quem o Filho do Homem será traído! Seria melhor que jamais tivesse nascido!" Judas, o traidor, tomou a palavra e perguntou: "Mestre, serei eu?" "Sim", disse Jesus.

Comia-se com as mãos, não havia talheres. As travessas ficavam à frente dos comensais e cada um pegava a sua porção. Daí o sinal de quem seria o traidor: "Aquele que colocar comigo a mão no prato".

Todo esse relato foi escrito por Mateus muito depois da morte e ressurreição de Jesus. Por isso o evangelista pôde adequar o

---

217. Alguns biblistas sugerem que a última ceia ocorreu na casa da família do evangelista Marcos.

que se passou com Jesus ao que o Primeiro Testamento predizia do futuro Messias, em especial na descrição do Servo Sofredor, feita pelo profeta Isaías no capítulo 53 de seu livro.

> Durante a refeição, Jesus tomou o pão, benzeu-o, partiu-o e o deu aos discípulos, dizendo: "Tomem e comam, isto é meu corpo". Em seguida tomou o cálice, deu graças e distribuiu, dizendo: "Bebam dele todos, porque isto é meu sangue, o sangue da Nova Aliança, derramado por muitos em remissão dos pecados. Digo a vocês: de hoje em diante não beberei mais desse fruto da vinha até o dia em que o beberei de novo com vocês no Reino de meu Pai".

É significativo que na última ceia Jesus tenha criado um sacramento (do latim *res sacrans*, que significa "sinal" e deriva do grego *"mysterion"*; ou seja, coisa sagrada, oculta ou secreta) a partir de dois alimentos simbólicos – o pão e o vinho. O pão é o mais universal dos alimentos. Feito de trigo, mandioca, linhaça, chia, aveia, milho, centeio, arroz ou quinoa, come-se diariamente sem enjoar. Simboliza todos os bens necessários à vida digna.

Jesus se identificou com ele ao se autodefinir como "pão da vida" (*João* 6,35). Porque veio "para que todos tenham vida e vida em plenitude" (*João* 10,10). Penso que o pão deveria ser o símbolo do Cristianismo, como fator de vida, e não a cruz, símbolo de morte.

O vinho é uma bebida de festa, como na celebração do casamento em Caná (*João* 2,1-12), onde Jesus fez seu primeiro milagre.

Quando se come o pão, é um cereal que morreu para nos dar vida. Quando se bebe o vinho, é uma fruta que morreu – a uva – para nos alegrar o coração. Jesus se inseriu nesse movimento dialético da morte que gera vida e fez do pão o seu corpo e do vinho o seu sangue, que foram entregues para nos dar vida.

Portanto, só deveria se sentir no direito de participar da eucaristia quem está disposto a "fazer isso em memória de mim"; ou seja, dar também seu corpo e seu sangue para que todos tenham vida e vida em plenitude.

> Após cantarem os Salmos, dirigiram-se para o Monte das Oliveiras. Jesus disse a eles: "Esta noite serei para todos vocês uma ocasião de queda; porque está escrito: 'Ferirei o pastor, e as ovelhas do rebanho serão dispersadas' (*Zacarias* 13,7). Mas, depois da minha ressurreição, eu precederei vocês na Galileia".
> Pedro interveio: "Mesmo que o Senhor seja para todos uma ocasião de queda, para mim jamais o será". Jesus retrucou: "Asseguro a você: nesta mesma noite, antes que o galo cante, você me negará três vezes". Pedro reagiu: "Mesmo que seja necessário morrer ao seu lado, jamais haverei de negá-lo!" E todos os outros discípulos diziam o mesmo.

Mateus narra a paixão de Jesus buscando respaldo no que o profeta Zacarias escreveu no Primeiro Testamento. Critica a postura pretensiosa de Pedro e não se exclui da fanfarrice do grupo de discípulos.

> Jesus foi com os discípulos para um lugar chamado Getsêmani[218] e disse-lhes: "Fiquem aqui, enquanto vou ali orar..." Levou consigo Pedro e os dois filhos de Zebedeu[219], e se sentiu tomado pela tristeza e angústia. Confessou a eles: "Minha alma sente uma tristeza mortal. Fiquem aqui e vigiem comigo". Distanciou-se um pouco e, prostrando-se com a

---

218. Getsêmani significa "prensa de azeite", local aos pés do Monte das Oliveiras onde se cultivavam azeitonas e se fabricava azeite.

219. Trata-se de Tiago e João. Sabemos pelos evangelhos que Zebedeu, casado com Salomé, era pescador no lago da Galileia (*Mateus* 4,21; *Marcos* 1,20; 15).

face por terra, assim rezou: "Meu Pai, se é possível, afasta de mim este cálice! Todavia, não se faça o que eu quero, mas sim o que o Senhor quer".

Em tudo Jesus era igual a nós, exceto no pecado, pois amava assim como só Deus ama. Mas como qualquer ser humano teve tentações e medo, sentiu alegria e raiva, demonstrou rispidez e generosidade. Pressentindo que logo seria encarcerado e, com certeza, condenado à morte, deparou-se com o limite da vida. Teve medo.

Vi na prisão companheiros, como frei Tito de Alencar Lima, passarem por essa mesma angústia. Quando se está nas mãos dos algozes, só um milagre é capaz de evitar o sofrimento causado por torturas, humilhações e ofensas.

Deus, como Pai/Mãe amoroso, não queria que seu Filho passasse por aquela *via crucis*. Não era vontade de Deus ver seu Filho espancado, cuspido, coroado de espinhos e crucificado. Essa "teologia" sacrificial não coincide com a imagem de Deus que nos foi revelada pelo próprio Jesus. Mateus, porém, era um homem de seu tempo e respirava a cultura teológica judaica que admitia o "bode expiatório"[220]. Por esse motivo, se ensinou na Igreja que Jesus veio expiar os nossos pecados, como versão humana do bode expiatório.

> Jesus retornou para onde estavam os discípulos e os encontrou dormindo. Despertou Pedro: "Será que vocês não podem sequer vigiar uma hora co-

---

220. Todos nós já ouvimos a expressão "bode expiatório". Esse era um ritual prescrito pelo livro do *Levítico* (16,20-22): o sumo sacerdote colocava as duas mãos sobre a cabeça do bode e confessava os pecados do povo hebreu. Em seguida, o bode era levado ao deserto e solto. Essa ideia de expiação era ainda muito forte no tempo de Jesus. Para um judeu expiar os pecados deveria ir ao Templo e pagar pelo sacrifício; ou seja, a imolação de um animal. Essa a associação que Jesus fez com seu sangue "derramado em favor de muitos".

migo?... Vigiem e orem para não cair em tentação. O espírito está preparado, mas a carne é fraca". Afastou-se pela segunda vez e orou: "Meu Pai, se não é possível que este cálice passe sem que eu o beba, faça-se a Sua vontade!" Voltou novamente e encontrou os discípulos dormindo, porque tinham os olhos pesados de sono. Deixou-os e foi orar pela terceira vez, repetindo as mesmas palavras. Voltou, então, para os discípulos e disse: "Durmam agora e descansem! Chegou a hora: o Filho do Homem vai ser entregue ao poder dos pecadores... Levantem-se, vamos! Aquele que vai me trair se aproxima".

Jesus era homem de oração. E se entregava a ela justamente nos momentos mais desafiadores. Orar é entrar em diálogo íntimo com Deus. Deixar que Ele fale ao nosso espírito. E como qualquer um de nós na hora da aflição, Jesus sentiu falta de apoio afetivo. Buscou a companhia de seus discípulos que, com certeza, empanturrados pelo que haviam comido e bebido na última ceia, caíam de sono.

Ao ver que seus captores se aproximavam, Jesus pareceu confuso – é a imagem que Mateus nos passa. Pois, de repente, se conformou com a indiferença de seus amigos: "Durmam agora e descansem!" E, logo, apelou para que ficassem alertas: "Levantem-se, vamos!"

Jesus ainda falava quando Judas, um dos Doze, chegou e, com ele, uma multidão armada de espadas e porretes, enviada pelos sacerdotes e anciãos do povo. O traidor combinara com eles este sinal: "Aquele que eu beijar, é ele. Prendam-no!"
Aproximou-se então de Jesus e cumprimentou-o: "Salve, Mestre". E beijou-o. Jesus reagiu: "Amigo, faça logo o que tem de fazer". Em seguida, foi cercado e o prenderam.

Mateus, como um dos apóstolos, foi testemunha ocular da prisão de Jesus. Como era madrugada, estava escuro e os guardas traziam archotes. Foi preciso que Judas indicasse um sinal para identificar Jesus entre tantos homens – ao menos doze – que se encontravam naquele ponto do Monte das Oliveiras.

Enquanto os apóstolos tratavam Jesus por "Senhor", Judas usava "Mestre", título apropriado ao tratamento dos escribas e mais tarde (já na época do relato de Mateus) dos rabinos.

> Mas um dos companheiros de Jesus desembainhou a espada e feriu um servo do sumo sacerdote, decepando-lhe a orelha. Jesus o conteve: "Embainha sua espada, porque todos aqueles que usarem espada, pela espada morrerão. Ou você pensa que eu não poderia invocar meu Pai? Ele me enviaria imediatamente mais de doze legiões de anjos?[221] Mas, então, como se cumpririam as Escrituras que predizem que tudo isso deveria acontecer?"

Esta narrativa de Mateus nos permite deduzir que Jesus não era um pacifista radical. Se Pedro portava uma arma, a espada, (*João* 18,10), com certeza Jesus não o censurara por isso. Mas ao avaliar a correlação de forças, viu que não valia a pena oferecer resistência aos guardas do Sinédrio.

A última frase de Mateus – "como se cumpririam as Escrituras que predizem que tudo isso deveria acontecer?" – é, sem dúvida, um modo de o evangelista adequar o fim trágico de Jesus ao que os profetas descrevem no Primeiro Testamento. E pode dar ensejo a uma teologia que sugere a encarnação de Deus em Jesus como mero teatro em cujo palco palestinense o Nazareno desempenhou um roteiro... Ora, a adequação ou ajuste feito por Mateus no paralelo de Jesus com o que consta no Primeiro Testamento é bem posterior aos trágicos acontecimentos resultados na crucificação.

---

221. Uma legião do exército romano comportava cerca de seis mil soldados.

Em seguida, voltou-se para seus algozes e falou: "Vocês saíram armados de espadas e porretes para me prender, como se eu fosse um bandido. No entanto, todos os dias estive no Templo para ensinar e vocês não me prenderam. Mas tudo isto aconteceu para se cumprir o que os profetas escreveram". Então, os discípulos o abandonaram e fugiram.

Mateus escreveu este relato em um contexto de perseguição aos cristãos. Havia desânimo em muitas comunidades primitivas. O evangelista quis ressaltar que mesmo os apóstolos fraquejaram: Judas traiu, Pedro negou, todos fugiram. Jesus ficou só na hora de sua prisão. E, no entanto, a vida venceu a morte. Esta fé na ressurreição é a garantia de que o projeto do Reino será vitorioso.

Os que haviam prendido Jesus levaram-no à casa do sumo sacerdote Caifás, onde se reuniam os escribas e os anciãos do povo. Pedro seguiu-o de longe, até o pátio do sumo sacerdote. Ali entrou e sentou-se junto aos criados para ver como terminaria aquilo.

Enquanto isso, os chefes dos sacerdotes e todo o conselho procuravam um falso testemunho contra Jesus, a fim de o condenarem à morte. Mas não conseguiram, embora se apresentassem muitas falsas testemunhas. Por fim, apresentaram-se duas testemunhas que disseram: "Este homem disse: Posso destruir o Templo de Deus e reedificá-lo em três dias". Levantou-se o sumo sacerdote e perguntou a Jesus: "Nada tem a responder a esses testemunhos contra você?" Jesus permanecia calado. Disse-lhe o sumo sacerdote: "Por Deus vivo, ordeno que nos diga se você é o Cristo, o Filho de Deus?" Jesus respondeu: "Sim. Além disso, declaro que, doravante, vocês verão o Filho do Homem sentar-se à direita do Todo-poderoso, e voltar sobre as nuvens do céu".

> A essas palavras, o sumo sacerdote rasgou a própria veste e exclamou: "Que necessidade temos ainda de testemunhas? Ouvimos a blasfêmia! O que acham?" Eles responderam: "Merece a morte!"
> Cuspiram-lhe então na face, deram-lhe socos e tapas, dizendo: "Adivinha, ó Cristo, quem bateu em você?"[222]

Pela ótica do Sinédrio, Jesus foi condenado por heresia ou blasfêmia. Mateus, já ciente da ressurreição ao escrever este relato, pôs na boca de Jesus afirmações messiânicas.

As torturas tiveram início já na mansão de Caifás, sumo sacerdote, uma espécie do papa do Judaísmo[223].

> Enquanto isso, Pedro se encontrava sentado no pátio quando se aproximou dele uma das serventes e disse: "Você também estava com Jesus, o Galileu". Mas ele negou publicamente: "Ignoro o que você diz".
> Pedro se dirigia para a porta, a fim de ir embora, quando outra serviçal o viu e comentou com os que lá se encontravam: "Este homem também acompanhava Jesus de Nazaré". Pedro, pela segunda vez, jurou: "Nem sei a quem você se refere".
> Pouco depois, os que ali estavam se aproximaram de Pedro e o acusaram: "Sim, você é um deles; seu modo de falar denuncia"[224]. Pedro, então, começou

---

222. Como Mateus se baseou em Marcos para descrever as torturas sofridas por Jesus, há nesta indagação uma falha. Mateus omitiu que colocaram uma venda nos olhos de Jesus. Ele só poderia ser provocado como adivinho se não visse seu torturador, como descreve Marcos: "Cobriram os olhos de Jesus e batiam em seu rosto, enquanto diziam: 'Adivinha quem bateu!'" (14,65).

223. O fato de autoridades judaicas do século I terem condenado Jesus não deve, de modo algum, favorecer em nós, cristãos, qualquer tendência antijudaica ou antissemita. Não abominamos a Igreja pelo fato de tantos papas, cardeais e bispos terem participado da Inquisição e condenado inocentes a torturas e morte na fogueira. Nem repudiamos o Islamismo por haver muçulmanos terroristas.

224. "Jesus e seus seguidores eram conhecidos como galileus (*Mateus* 26,69). O movimento deles era um entre diversos grupos revolucionários

a praguejar e jurar que nem sequer conhecia aquele homem. E, neste momento, o galo cantou. Pedro então se recordou do que Jesus lhe dissera: "Antes que o galo cante, você me negará três vezes". E, ao sair dali, chorou amargamente.

Pedro, o líder da comunidade apostólica, fraquejou. O que comprova que Jesus se fez cercar por pessoas falíveis, e não heróis e santos como certa catequese procura nos convencer. Mas logo Pedro se arrependeu, de modo que os dez apóstolos, entre eles Mateus, não questionaram sua liderança.

---

populares galileus que chamavam atenção na Judeia e nos arredores de Jerusalém, em meados do século I d.C. O dialeto galileu de Pedro o denuncia no centro de Jerusalém e nos acontecimentos que cercaram a prisão de Jesus" (Overman, 1999, p. 399).

Capítulo 27

Pela manhã, todos os chefes dos sacerdotes e anciãos do povo reuniram-se no Sinédrio para entregar Jesus à morte. Ataram as mãos dele e o conduziram ao governador Pilatos[225].

Judas, o traidor, vendo-o condenado, ficou tomado de remorsos e decidiu devolver aos chefes dos sacerdotes e aos anciãos as trinta moedas de prata. Disse-lhes: "Pequei ao entregar o sangue de um justo"[226]. Eles reagiram: "O que temos a ver com isso? O problema é seu!" Ele, então, atirou no Templo as moedas de prata e, em seguida, foi se enforcar[227].

Os chefes dos sacerdotes recolheram as moedas e observaram: "Não podemos guardá-las no tesouro sagrado, porque se trata de preço de sangue". Após deliberarem, compraram com aquela soma o Campo do Oleiro para que ali houvesse um cemitério de estrangeiros. Esta é a razão por que aquele terreno é chamado, ainda hoje, "Campo de Sangue". Assim se cumpriu a profecia do profeta Jeremias: "Eles receberam trinta moedas de prata, preço da-

---

225. Pilatos, interventor romano, governou a Judeia, a Idumeia e a Samaria de 26 d.C. a 36 d.C. Ele residia em Cesareia, no litoral, e se transferia para Jerusalém por ocasião das grandes festas judaicas.

226. Cf. *Zacarias* 11,12-13.

227. O suicídio de Judas encontra paralelo no *Segundo livro de Samuel* (17,1–2.23), que descreve a traição de Aquitofel: ao fracassar no intento de assassinar o rei Davi, se enforcou. Contudo, há controvérsia se Judas de fato se enforcou ou foi assassinado. No *Atos dos Apóstolos* (1,18-19) consta que ele sofreu uma queda. Não diz se ele caiu, foi empurrado ou se atirou de um lugar elevado no terreno que havia adquirido. Fora *Mateus* e os *Atos*, nenhum outro evangelista fala da morte de Judas.

> quele cujo valor foi estimado pelos filhos de Israel; e assim compraram o Campo do Oleiro, como o Senhor me havia prescrito"[228].

O relato de Mateus poderia ser considerado um plágio do Primeiro Testamento. Zacarias viveu 740 anos antes de Jesus. Vê-se que há muita semelhança entre o que escreveu o profeta e a descrição do autor do evangelho.

"O dinheiro impuro serve para comprar um lugar impuro (cemitério)"[229].

> Jesus foi levado à presença do governador, que o interrogou: "Você é o rei dos judeus?" "Sim", respondeu o prisioneiro. Porém, nada respondia às acusações dos chefes dos sacerdotes e dos anciãos. Pilatos indagou: "Não escuta todos os testemunhos que se levantam contra você?"
> Para grande espanto do governador, Jesus não quis responder a nenhuma acusação.

Diante de Pilatos, Jesus preferiu o silêncio a "atirar pérolas aos porcos" (*Mateus* 7,6). Apenas confirmou ser o "rei dos judeus", provocação que lhe custou a vida por sedição, pois, para os romanos, os judeus tinham um único rei: o imperador Tibério César.

De resto, ignorou todas as mentiras que as testemunhas disseram contra ele. Sabia que não valia a pena gastar saliva para tentar se defender. Seria inelutavelmente condenado.

> Era costume o governador, em cada festa de Páscoa, soltar um preso a pedido do povo. Ora, naquela ocasião havia um prisioneiro famoso chamado Barrabás[230]. Pilatos se dirigiu ao povo que ali se en-

---

228. Mateus se equivocou. A citação é do profeta Zacarias 11,12-13. Cf. *Jeremias* 18,2s; 32,7-9.

229. Mateos; Camacho, 1993, p. 305.

230. Sabe-se pouco a respeito de Barrabás, talvez também um preso político. Teria nascido em Yafo, no Sul da Judeia. Segundo Orígines, escritor cristão do século III, o prenome dele seria também Jesus, Jesus Barrabás.

contrava: "Qual deles vocês querem que eu liberte: Barrabás ou Jesus, que chamam de messias?" Pilatos bem sabia que o Sinédrio tinha entregado Jesus por inveja.

Enquanto o governador se encontrava no tribunal, sua mulher mandou dizer-lhe: "Não se envolva com esse justo, porque esta noite, em sonhos, sofri muito por causa dele"[231]. Mas os chefes dos sacerdotes e os anciãos persuadiram o povo a pedir a libertação de Barrabás e a condenação de Jesus. O governador tornou a perguntar: "Qual dos dois querem que eu solte?" Responderam: "Barrabás!" Pilatos então reagiu: "Que farei então de Jesus, que chamam de messias?" Todos clamaram: "Seja crucificado!" "Mas que mal fez ele?", indagou o governador. E aquela gente gritava ainda mais forte: "Seja crucificado!"[232]

Pilatos viu que nada adiantava. O tumulto crescia. Mandou que lhe trouxessem água, lavou as mãos diante do povo e afirmou: "Sou inocente do sangue deste homem. É um problema de vocês!" O povo respondeu: "O seu sangue caia sobre nós e os nossos filhos!"[233] Libertou Barrabás, mandou açoitar Jesus e o entregou para ser crucificado.

Não foi propriamente "o povo" que pediu a condenação de Jesus. É bom lembrar que tudo isso se passou dentro da Fortaleza Antônia. Portanto, as pessoas que ali se encontravam eram correligionárias do Sinédrio e apoiadores da ocupação romana[234].

---

231. Mateus é o único evangelista que registra o sonho da mulher de Pilatos. O nome dela seria Cláudia ou Prócula. Em Mateus o sonho é tido como voz de Deus (1,20; 2,12-13.19.22).

232. A execução pela cruz é uma invenção persa. Segundo a lei mosaica, a morte na cruz é sinal de maldição divina (*Deuteronômio* 21,22-23).

233. *Levítico* 20,9; *Josué* 2,19; *2Samuel* 1,16; *Jeremias* 20,15.

234. "Embora parte da elite judaica local possa ter estado envolvida no trabalho desses tribunais romanos, os *synedria* eram instituições romanas que executavam as ordens de Roma na região governada. Na época da redação

Desde a Antiguidade até hoje só é permitido se aproximar das autoridades quem não coloca em risco a vida delas.

Pilatos quis se eximir da culpa pelo assassinato de Jesus. Até tentou liberar Jesus em troca de Barrabás. Mas o Sinédrio fez a cabeça do povo... Porém, a sentença foi proferida por ele e a pena de morte adotada – a cruz – era típica dos romanos. Na época, o império havia proibido o Sinédrio de aplicar sua pena de morte, o apedrejamento. A rigor Jesus foi executado por ordem das autoridades romanas e não judaicas.

> Os soldados do governador conduziram Jesus para o pretório[235] e rodearam-no com toda a tropa. Arrancaram-lhe as vestes e colocaram-lhe um manto vermelho[236]. Depois, trançaram uma coroa de espinhos, que puseram em sua cabeça, e uma vara em sua mão direita. Ajoelhando-se diante dele, diziam com escárnio: "Salve, rei dos judeus!" Cuspiam-lhe no rosto e, agarrando a vara, davam-lhe golpes na cabeça.
> Após escarnecerem dele, tiraram-lhe o manto e entregaram-lhe as vestes. Em seguida, levaram-no para crucificá-lo.

Como ainda hoje acontece com a maioria dos prisioneiros, Jesus foi torturado antes de se cumprir a sentença. O ser humano é o único animal que tortura seu semelhante antes de matá-lo.

> Ao conduzir Jesus para a crucificação, encontraram um homem de Cirene, chamado Simão, e o obrigaram a carregar a cruz de Jesus[237]. Chegaram ao

---

dos evangelhos, inclusive Mateus, esses conselhos não eram fundamentalmente instituições judaicas. Eram parte essencial do poder de Roma e de seu domínio na Judeia" (Overman, 1999, p. 404).

235. Dentro do palácio do governador.

236. Traje protocolar de reis e imperadores, como aparece em filmes sobre o Império Romano.

237. Cirene é o nome de uma região na atual Líbia. Ali existia uma comunidade judaica e é provável que Simão tenha vindo de lá para celebrar a Páscoa judaica.

lugar chamado Gólgota, isto é, lugar do crânio[238]. Deram a Jesus, para beber, vinho misturado com fel[239]. Ele provou, mas se recusou a engolir.

Após crucificarem Jesus, os soldados repartiram as vestes dele entre eles, tirando a sorte. Cumpriu-se assim a profecia: "Repartiram entre si minhas vestes e, sobre meu manto, lançaram a sorte" (*Salmo* 21,19). E ficaram ali sentados, montando guarda. Acima da cabeça de Jesus penduraram um escrito com o motivo de sua crucificação: "Este é Jesus, o rei dos judeus"[240]. Ao lado de Jesus, crucificaram também dois ladrões, um à sua direita e outro à esquerda. Os que passavam o injuriavam, sacudiam a cabeça e diziam: "Você que ameaçou destruir o Templo e reconstruí-lo em três dias, salve a si mesmo! Se é o Filho de Deus, desce da cruz!"

Os chefes dos sacerdotes, os escribas e os anciãos também zombavam dele: "Ele salvou a outros e não pode salvar a si mesmo! Se é mesmo o rei de Israel, que desça agora da cruz e acreditaremos nele! Confiou em Deus. Deus que o livre agora, se é que o ama, porque ele declarou: "Eu sou o Filho de Deus!"

Os ladrões, crucificados com ele, também o ofendiam. Desde o meio-dia até três da tarde, cobriu-se toda a Terra de escuridão. Pelas três horas da tarde, Jesus deu um forte grito: "*Eli, Eli, lammá sabactáni?*" o que significa: "Meu Deus, meu Deus, por que me abandonou?"[241]

---

238. Em aramaico, Gólgota significa "caveira", que da tradução latina do texto bíblico (*calvariae*) resultou em "calvário". Situado na periferia de Jerusalém, o lugar recebeu esse nome por ser palco da execução de criminosos.

239. Fel era uma mistura de ervas e mirra usada como anestésico.

240. "A crucificação de Jesus realça a visão de seus adversários: ele era ameaça à segurança do Estado e devia sofrer o castigo infligido a rebeldes e bandidos. Por esta razão, o motivo da condenação foi inscrito na cruz, acima da cabeça de Jesus: 'Rei dos judeus'" (Overman, 1999, p. 418).

241. É o primeiro verso do *Salmo* 22 (21 em algumas traduções dos salmos). Jesus recitou-o em hebraico. Cf. *Malaquias* 3,23.

Alguns que ali estavam, ao ouvir aquilo comentaram: "Ele chama por Elias". Um deles correu para pegar uma esponja, embebeu-a em vinagre e colocou-a na ponta de uma vara para que Jesus bebesse. Os outros disseram: "Deixa! Vamos ver se Elias virá salvá-lo". Jesus de novo lançou um grande brado e entregou a alma.

Abandonado pelos discípulos no Monte das Oliveiras e na crucificação, Jesus se sentiu abandonado também por Deus, como muitos de nós nos sentimos abandonados por Ele em momentos difíceis. Os soldados romanos que montavam guarda não entendiam o hebraico e, por isso, julgaram que Jesus clamasse pelo profeta Elias.

Em Mateus, os relatos da prisão, tortura e assassinato de Jesus – comuns nos quatro evangelhos – trazem de modo implícito ecos do Primeiro Testamento. A crucial indagação de Jesus ao se sentir abandonado pelo Pai/Mãe reboa o *Salmo* 22 sobre o silêncio divino: "Meu Deus, meu Deus, por que me abandonou?" Já o *Salmo* 69,21 reza: "... para a minha sede deram-me vinagre para beber".

Em sua paixão, Jesus se solidarizou com todos os prisioneiros injustiçados, os torturados, os que se sentem abandonados por amigos e familiares, por Deus, atirados na mais absoluta solidão.

Eis que o véu do Templo se rasgou em duas partes de alto a baixo, a terra tremeu, as rochas se partiram[242]. Os sepulcros se abriram e os corpos de muitos justos ressuscitaram. Após sair de suas sepulturas, entraram na cidade santa após a ressurreição de Jesus e apareceram a muitas pessoas.
Diante do terremoto e de tudo o que ocorria, o centurião e seus homens, que montavam guarda a

---

242. Os fenômenos naturais ocorridos com a morte de Jesus encontram paralelo em *Amós* (8,8-10).

> Jesus, ficaram com muito medo e admitiram: "De fato, este homem era Filho de Deus!"
> Havia ali também algumas mulheres que observavam de longe. Tinham seguido Jesus desde a Galileia para servi-lo. Entre elas estavam Maria Madalena e Maria, mãe de Tiago e José, e a mãe dos filhos de Zebedeu.

O Templo de Jerusalém possuía um recinto, protegido por um véu, ao qual só o sumo sacerdote tinha acesso. E supunha-se que ali dentro ele tinha acesso a Deus. O simbolismo do véu rasgado significa que, agora, todos temos acesso direto a Deus, não precisamos da intermediação de uma hierarquia. "Deus é mais íntimo a nós do que nós a nós mesmos", disse Santo Agostinho.

A descrição apocalíptica do tremor de terra evoca as profecias e os oráculos do Dia de Javé no Primeiro Testamento, dia de angústia, trevas e escuridão, quando soarão a trombeta e os gritos de batalha[243]. São sinais que prenunciam que, com a ressurreição de Jesus, chegou o Dia de Javé.

A proclamação de fé do oficial romano, um pagão, significa a universalidade da proposta de Jesus. E, ao contrário dos apóstolos, as mulheres não o abandonaram. Ali ao pé da cruz se encontravam Madalena, Maria, mãe de Jesus (pois Tiago e José eram irmãos dele, conforme *Marcos* 6,3), e Salomé, mãe de Tiago e João.

Madalena, a primeira testemunha da ressurreição, e que merece ser chamada apóstola, foi vítima da misoginia que ainda predomina nas Igrejas cristãs, a ponto de ser considerada "prostituta", embora nos evangelhos não conste nenhum indício nesse sentido.

> Ao entardecer, um homem rico de Arimateia, chamado José, também discípulo de Jesus, procurou Pilatos e pediu-lhe o corpo de Jesus. Pilatos autori-

---

243. Cf. *Êxodo* 19,18; *Amós* 5,18; 8,8-9; *Isaías* 2,10; 13,10.13; 34,4; *Jeremias* 4,23-24; *Sofonias* 1,14-18; *Habacuc* 3,6; *Ezequiel* 32,7-8; *Joel* 2,10-11; 3,3-4; 4,15-16.

zou-o. José tomou o corpo, envolveu-o num lençol branco e o depositou num sepulcro novo, que tinha mandado talhar para si na rocha. Depois, rolou uma grande pedra à entrada do sepulcro e foi embora. Maria Madalena e a outra Maria ficaram lá, sentadas diante do túmulo.

Arimateia era uma cidade da Judeia. Como assinala *Marcos* (15,42), José era "membro importante do Sinédrio" e "vivia na expectativa da manifestação do Reino de Deus". Portanto, aquele homem rico e poderoso tinha acesso ao governador romano da Judeia, como ainda hoje ricos e poderosos têm livre-acesso aos políticos.

O corpo de Jesus deveria ter ficado exposto às aves de rapina como ocorria a todos os crucificados, de modo a causar horror à população. Contudo, o prestígio de um poderoso fez abrir uma exceção. Até porque os judeus preferiam enterrar os cadáveres para evitar contaminação.

Por que uma autoridade judaica se interessou em dar sepultura ao corpo de Jesus? Mateus diz em seu evangelho que José de Arimateia "também se tornara discípulo de Jesus" (27,57). Segundo João, "secretamente" (19,38). E de acordo com Lucas, ele "não concordara com a sentença, nem com a ação de outros membros" (do Sinédrio) para assassinar Jesus (23,51).

Pode ser que, para Mateus, Arimateia vivesse na expectativa da manifestação triunfal do Reino, tal como ainda hoje muitos judeus esperam. E pode ser que, como judeu devoto, quis apenas cumprir mais um preceito do Código da Pureza, o de não deixar insepulto o cadáver de um judeu, ainda que rebelde, depois do pôr do sol (*Deuteronômio* 21,23), principalmente em uma sexta-feira, véspera do sábado sagrado.

No dia seguinte – isto é, o dia seguinte ao da Preparação[244] –, os chefes dos sacerdotes e os fariseus

---

244. Preparação da Páscoa.

foram todos juntos à casa de Pilatos. E disseram-lhe: "Senhor, nós nos lembramos do que aquele impostor disse enquanto vivia: 'Depois de três dias ressuscitarei'. Ordena, portanto, que o sepulcro dele seja guardado até o terceiro dia. Seus discípulos podem vir roubar o corpo e anunciar ao povo: 'Ressuscitou dos mortos'. E esta última impostura seria pior que a primeira". Pilatos retrucou: "Vocês têm seus guardas. Cuidem de guardar o sepulcro com segurança". Foram, pois, guardar o sepulcro, lacraram a pedra e colocaram guardas[245].

"No Calvário estamos diante de um homem torturado, excluído da sociedade, totalmente isolado, condenado como herético e subversivo pelo tribunal civil, militar e religioso. Ao pé da cruz as autoridades religiosas confirmam, pela última vez, que se trata realmente de um rebelde fracassado e o renegam publicamente. É nesta hora da morte que um novo sentido renasce. A identidade de Jesus é revelada por um pagão: 'Verdadeiramente, este homem era Filho de Deus!' Daqui para frente, se você quiser encontrar, *verdadeiramente*, o Filho de Deus, não o procure no alto, num céu distante, nem no Templo cujo véu rasgou; procure-o ao seu lado, no ser humano excluído, torturado, desfigurado, sem beleza. Procure-o em quem doa a vida pelos irmãos. É lá que Deus se esconde e se revela, e é lá que Ele pode ser encontrado. É lá que está a imagem desfigurada de Deus, do Filho de Deus, dos filhos de Deus. *Prova de amor maior não há que doar a vida pelo irmão!*"[246]

---

245. "Não se pode dizer: 'os judeus mataram Jesus', embora o Evangelho de Mateus tenha servido de cenário clássico para essa formulação ocidental predominantemente cristã. Jesus foi morto por parecer, de fato, ser, em muitos aspectos, revolucionário. As palavras de Jesus eram suspeitas e, em muitos pontos, suas imagens apocalípticas eram violentas demais. Em muitos sentidos, a mensagem de Jesus parecia cultivar a esperança na extinção do sistema que se instalara em Israel havia mais de cem anos" (Overman, 1999, p. 423).

246. Mesters; Lopes; Orofino, 1999, p. 103.

Capítulo 28

No dia seguinte ao sábado, ao amanhecer do primeiro dia da semana, Maria Madalena e a outra Maria foram ver o túmulo[247]. E eis que ocorreu um violento tremor de terra: um anjo do Senhor desceu do céu, rolou a pedra e sentou-se sobre ela. Resplandecia como relâmpago e suas vestes eram brancas como a neve. Ao ver o anjo, os guardas ficaram apavorados.
O anjo disse às mulheres: "Não tenham medo! Sei que procuram Jesus, que foi crucificado. Não está aqui: ressuscitou, como disse. Venham ver o lugar onde ele estava. Vão depressa contar aos discípulos que ele ressuscitou dos mortos. Ele se adiantou a vocês rumo a Galileia. Lá vocês o verão. É o que tenho a lhes comunicar".
Elas se afastaram imediatamente do túmulo com certo receio, mas, ao mesmo tempo, com alegria. Correram para dar a Boa Notícia aos discípulos.
Jesus foi ao encontro das mulheres: "Salve!" Elas se aproximaram dele e, curvando-se, beijaram-lhe os pés. Jesus disse a elas: "Não tenham medo! Digam aos meus irmãos para se dirigirem à Galileia. É lá que eles me verão".

---

247. A "outra Maria" é a mãe de Jesus. "É provável que as mulheres tenham ido ao túmulo de acordo com o frequente costume de as pessoas vigiarem o túmulo de um ente querido até o terceiro dia após a morte" (Overman, 1999, p. 427).

Mateus volta a utilizar o estilo apocalíptico para descrever a ressurreição de Jesus. E registra que foram duas mulheres as primeiras testemunhas da ressurreição. Maria Madalena e Maria, mãe de Jesus, merecem também o título de apóstolas, já que anunciaram aos demais discípulos o fato central da fé cristã. Do mesmo modo, a samaritana do poço de Jacó (*João* 4,29), a primeira a anunciar Jesus como Messias, também merece o mesmo título. É preciso superar o patriarcalismo e a misoginia que ainda impregnam a Igreja Católica.

Tanto o anjo (voz de Deus) quanto Jesus indicam o retorno à Galileia. Por que a Galileia? Para comprovar que o Ressuscitado é o mesmo Jesus de Nazaré. E valorizar as comunidades integradas por aqueles que, ao fugir das perseguições na Judeia, se refugiaram na Galileia.

> Quando as mulheres se afastaram do túmulo, alguns guardas foram à cidade informar aos sumos sacerdotes o que havia ocorrido. Estes se reuniram com os anciãos e decidiram dar aos guardas importante soma de dinheiro com a seguinte ordem: "Espalhem que os discípulos dele, de madrugada, retiraram o corpo enquanto vocês dormiam. Se o governador ficar sabendo disso, nós falaremos com ele e evitaremos problemas para vocês". Os guardas receberam o dinheiro e seguiram as instruções dadas.
>
> Esse boato é, ainda hoje, espalhado entre os judeus.

Muitos judeus do século I não se conformaram com a ruptura provocada no Judaísmo pelos cristãos. Assim, segundo Mateus, as autoridades decidiram propagar uma *fake news* para negar a ressurreição de Jesus. Ainda hoje há quem abrace tal versão.

Mateus estava também preocupado com a repercussão de tal mentira na comunidade cristã. E contrapõe os dois anúncios:

o das mulheres, de que Jesus vive, e o dos guardas subornados, de que o corpo foi roubado para favorecer a mentira de que Jesus ressuscitou.

> Os onze discípulos foram à montanha indicada por Jesus na Galileia. Quando o viram, ajoelharam-se diante dele. No entanto, alguns discípulos ainda duvidavam. Jesus se aproximou deles e falou: "Toda autoridade me foi dada no céu e na Terra. Vão, portanto, ensinar a todas as nações; batizem todos em nome do Pai, do Filho e do Espírito Santo. Ensinem a observar tudo o que ensinei a vocês. Eis que estarei com vocês todos os dias até o fim do mundo".

Jesus iniciou e encerrou sua militância na Galileia. Mateus, evitando uma narrativa triunfalista, registra que, mesmo diante de Jesus ressuscitado, alguns discípulos "ainda duvidavam". O que reflete as dúvidas que pairavam nas comunidades primitivas. E conclui seu evangelho animando as comunidades a ganhar novos adeptos e divulgar a proposta do Reino de Deus.

A frase final de seu evangelho é um fecho de ouro: o Jesus ressuscitado não se refugiou no céu. Está presente entre nós para sempre. Basta ter olhos para ver...

Anexo
Quem é quem na genealogia de Jesus

A lista de ascendentes de Jesus em Mateus contém 42 nomes. Quem eram essas pessoas que muitos ignoram? Convém detalhar pela ordem de nomeação.

Davi significa "amado ou eleito por Deus". Foi o mais importante rei de Israel, apesar de ter sido adúltero e homicida. Governou no século X a.C., dotou Israel de poder militar e expandiu seus domínios. Sua história, narrada na Bíblia, é descrita nos dois livros de *Samuel*. No tempo de Jesus, os judeus esperavam um Messias que viria restaurar o reino de Israel, à semelhança do esplendor do reino de Davi. Dos 150 salmos contidos na Bíblia (a Igreja Ortodoxa conta 151), 73 são atribuídos à autoria de Davi.

Quem foi Abraão? É o patriarca ou a raiz das chamadas "religiões do livro", porque se baseiam em textos considerados sagrados: Judaísmo (Torá); Cristianismo (Bíblia); e Islamismo (Alcorão). O nome "Abraão" significa "pai de um grande povo".

O que sabemos de Abraão é narrado no *Gênesis*. Ele nasceu e viveu na cidade de Ur, localizada no atual Iraque. Nômade, após a morte do irmão emigrou com sua família para Canaã (hoje Palestina) – território que abrangia as áreas atuais de Israel, Cisjordânia, Gaza, Jordânia, e o sul da Síria e do Líbano. Em companhia de sua mulher, Sara, do sobrinho Ló, e de seus servos, caminhou 1.800km, a mesma distância, de ida e volta, entre a capital paulista e Goiânia.

Canaã foi assolada pela fome, o que obrigou Abraão a se refugiar no Egito. Ali ele e Ló enriqueceram e, mais tarde, retornaram a Canaã, onde Deus o escolheu para ser pai de um grande povo, uma multidão incontável "como estrelas do céu". De sua descendência surgiram os hebreus.

"Abraão foi pai de Isaac", escreveu Mateus. Segundo a Bíblia, Abraão tinha 100 anos, e Sara 90, quando ela concebeu Isaac, nome que significa "sorriso", porque Sara riu quando Javé prometeu que ela, estéril e idosa, seria mãe.

De Isaac nasceu Jacó. Dos 50 capítulos do *Gênesis*, a história de Jacó, neto de Abraão e Sara, ocupa 25. Javé mudou o nome de Jacó para Israel, que significa "Permita que Deus prevaleça"[248].

"Jacó foi pai de Judá e seus irmãos", informa Mateus. Jacó e Lea tiveram 12 filhos, dos quais Judá foi o quarto. Cada um deu origem a uma tribo de Israel. O território no qual se instalou o reino de Judá é conhecido como Judeia e, seus habitantes, judeus[249].

O número 12 também é emblemático na Bíblia. Doze eram os apóstolos[250]; doze cestos com sobras foram recolhidos após a partilha dos pães e dos peixes[251]; doze anos tinha a filha de Jairo quando Jesus a ressuscitou[252] etc.

"Judá e Tamar foram pais de Farés e Zara", escreve Mateus. Farés, também conhecido como Perez, era irmão gêmeo de Zara. E Tamar, viúva cananeia, após a morte de Judá se disfarçou de

---

248. *Gênesis* 32,22-31.

249. O número 12 simboliza o povo de Deus. Aparece 162 vezes na Bíblia. E doze são os signos do zodíaco. Doze eram as tribos de Israel e os apóstolos de Jesus.

250. *Lucas* 6,12-16.

251. *Mateus* 14,20.

252. *Lucas* 8,42.

prostituta[253]; ou seja, Jesus não tinha apenas pessoas "puras" e "santas" em sua ascendência.

"Farés foi pai de Esron; e Esron, de Arão." Sobre Esron e Arão nada se sabe, exceto o que Mateus registra.

"Arão foi pai de Aminadab; e Aminadab, de Naasson." Aminadab nasceu no Egito durante o exílio israelita. Seu filho, Naasson, foi chefe da tribo de Judá quando os israelitas invadiram Canaã, por volta de 1700 a.C.

"Naasson foi pai de Salmon; e Salmon e Raab, pais de Booz." Não há detalhes da vida de Salmon. Mas Raab, sim, é uma personagem controversa. De origem cananeia, era prostituta profissional. Do ponto de vista dos cananeus, uma traidora, por ter se casado com um israelita, Salmon[254], e abrigado em sua casa, em Jericó, os espiões israelitas encarregados de colher informações para facilitar a invasão de Canaã. Do ponto de vista hebreu, uma heroína, por ter ousado esconder os espiões e facilitado a tomada de Jericó pelos israelitas. Como diz o ditado, todo ponto de vista é a vista a partir de um ponto. De Booz, seu filho, quase nada se sabe.

"Booz e Rute foram pais de Jobed". Rute, sim, é tão conhecida que mereceu um livro com seu nome no Primeiro Testamento. Não era israelita, era moabita, mas amiga íntima de Noemi, israelita. Rute, mais tarde, se converteu ao Deus de Israel e se casou com dois fazendeiros hebreus: Malom e, depois, Boaz.

Sobre Jobed, avô de Davi, há poucas informações. Sabe-se que foi criado por Noemi, sogra de Rute.

"Jobed foi pai de Jessé. Jessé foi pai do rei Davi". Sobre Jessé temos relatos em dois livros: 1*Samuel* e 1*Crônicas*. Sobre Davi há muitas informações nos livros 1 e 2 de *Samuel*. Davi é prova

---

253. *Gênesis* 38,14-17.

254. *Josué* 2,1-21.

de que Deus não escolhe as pessoas por suas virtudes, e sim pelo amor que nutre por elas. Davi era pastor, músico e guerrilheiro. Foi o segundo e mais importante rei de Israel e governou durante 40 anos, de 1010 a 970 a.C., após a queda de Saul por corrupção. Saul também havia governado por 40 anos, de 1050 a 1010 a.C. Davi forjou a morte de Urias, seu general, para se casar com a esposa dele, Betsabé, uma hitita. E miraculosamente derrotou o gigante Golias em confronto pessoal[255].

"O rei Davi e a mulher de Urias foram pais de Salomão." Curioso este detalhe machista de Mateus ao não citar o nome de Betsabé, mas apenas se referir a ela como "mulher de Urias". Urias, comandante militar, havia sido enviado para combater os filisteus. Davi, embora desfrutasse de um harém, se aproveitou da ausência dele, teve um romance com Betsabé, e engravidou-a. Além do pecado de adultério, Davi cometeu assassinato ao ordenar a Joabe, comandante do exército israelita, que deslocasse Urias para a linha de frente a fim de que fosse morto na batalha, o que ocorreu. Os detalhes estão nos dois livros de *Samuel* e no primeiro de *Crônicas*.

Da relação de Davi com Betsabé nasceu Salomão, que sucedeu o pai à frente do reino de Israel e, em Jerusalém, ergueu o famoso Templo, coração religioso do povo judeu. Salomão também governou por 40 anos, de 970 a 930 a.C., e foi o último soberano do povo hebreu unido.

"Salomão foi pai de Roboão; e Roboão, de Abias." Roboão sucedeu o pai e, ao início de seu reinado, houve a ruptura entre as tribos do Sul (Judá e Benjamin) e as tribos do Norte (as outras dez tribos que formavam o reino de Israel). Ele se indispôs com as dez tribos do Norte por se recusar a reduzir os pesados impostos decretados por seu pai. Reinou por 17 anos, entre 930 e 913

---

255. *1Samuel* 17ss.

a.C.[256] Abias reinou apenas três anos, entre 913 e 910 a.C., e lutou contra as dez tribos que formaram o reino de Israel[257]. A tribo de Judá se juntou à de Benjamin.

"Abias era pai de Asa; e Asa, de Josafá." Asa foi rei de Judá por 41 anos, entre 910 e 869 a.C., após a divisão do povo israelita, quando dez tribos do Norte formaram o reino de Israel[258]. Josafá reinou 25 anos, entre 872 e 848 a.C., e durante o seu reinado houve paz entre os reinos de Judá e de Israel[259].

"Josafá era pai de Jorão; e Jorão, de Ozias." Jorão reinou 8 anos, entre 848 e 840 a.C.[260] Ozias reinou somente um ano, porque foi assassinado[261].

"Ozias era pai de Joatão; e Joatão, de Acaz." Joatão governou Judá por 16 anos, entre 750 e 734 a.C.[262] Venceu a guerra contra os amonitas. Foi contemporâneo do profeta Isaías. Acaz também reinou 16 anos, de 735 a 719 a.C.[263], considerado um péssimo governante, idólatra, submisso aos povos estrangeiros e devoto de deuses de outras nações. Quando o reino de Judá foi atacado pelo reino de Israel e pela Síria, ele apelou aos assírios e deles ficou dependente.

"Acaz foi pai de Ezequias; e Ezequias, de Manassés." Ezequias reinou 29 anos, entre 715 e 686 a.C.[264] Homem piedoso,

---

256. Cf. *1Reis* 1,1-24; 14,21-31.

257. *1Reis* 15,1-8.

258. *1Reis* 15,9-24.

259. *1Reis* 22,41-50.

260. *2Reis* 8,16-24.

261. Cf. *2Reis* 8,25-29; 9,29.

262. *2Reis* 15,34-35.

263. *2Reis* 16,1-20; *2Crônicas* 28,1-27.

264. *2Reis* 18,1-21.

restaurou o Templo de Jerusalém e reavivou a fé dos fiéis de Judá. Manassés foi quem ocupou o trono de Judá por mais tempo: 55 anos, entre 686 e 642 a.C.[265] Homem impiedoso, prestou culto a deuses estrangeiros, inclusive dentro do Templo. Queimou seu próprio filho em sacrifício[266].

"Manassés foi pai de Amon; e Amon, de Josias." Amon governou apenas dois anos, entre 642 e 640 a.C.[267] Morreu assassinado pelos súditos. Como o pai, praticou a idolatria ao adorar deuses pagãos. Josias, seu filho, reinou 31 anos, entre 640 e 609 a.C.[268] Ele se tornou rei aos 8 anos de idade. Fiel às leis da Torá, promoveu muitas reformas. Foi durante o reinado de Josias que o profeta Jeremias iniciou a sua militância[269].

"No cativeiro da Babilônia, Josias foi pai de Jeconias e seus irmãos." A Babilônia era uma cidade-estado. No território que hoje compreende o Iraque e a Síria ficava a Assíria. Os assírios, povo nômade e guerreiro governado por Nabucodonosor, dominaram os hebreus do reino de Judá e, em 586 a.C., promoveram a primeira deportação de quase toda a população para a Babilônia. Ali os hebreus permaneceram como escravos durante 70 anos. Um dos escravos era o profeta Daniel.

Joacaz reinou em Judá por apenas três meses em 609 a.C.[270] Foi também levado para a Babilônia em março de 597 a.C., em companhia de três mil judeus.

"Depois da deportação para a Babilônia, Jeconias foi pai de Salatiel; e Salatiel, de Zorobabel." De Salatiel sabemos apenas o

---

265. *2Reis* 21,1-18.

266. *2Reis* 21,6.

267. *2Reis* 21,19-26.

268. *2Reis* 22,1-23.30; *2Crônicas* 34–35.

269. *Jeremias* 1,2.

270. *2Reis* 23,31-33.

nome. Em 539 a.C. Ciro, rei da Pérsia, invadiu a Babilônia e libertou os hebreus, que retornaram a Canaã. Zorobabel[271] que liderou a reconstrução do Templo de Jerusalém, que havia sido destruído pelas tropas de Nabucodonosor.

"Zorobabel era pai de Abiud; e Abiud, de Eliaquim." Quase não há informações sobre Abiud. Sobre Eliaquim, sim. O faraó Neco, do Egito, mudou o nome dele para Joaquim e o coroou como o 18º rei de Judá. Joaquim reinou por 11 anos, entre 609 e 598 a.C.[272]

"Eliaquim foi pai de Azor; e Azor; de Sadoc." Não há informações sobre Azor. Sobre Sadoc, filho de Azor, também não. Há informações, sim, sobre outro Sadoc, o sumo sacerdote no tempo do rei Salomão, nos livros *Reis*, *Crônicas* e *Samuel*.

"Sadoc foi pai de Aquim; e Aquim, de Eliud." Aquim não é mencionado no Primeiro Testamento. Também não há informações sobre Eliud, filho de Aquim.

"Eliud foi pai de Eleazar; e Eleazar, de Matan." Sobre Eleazar, filho de Eliud, também não há informações. Há outros personagens bíblicos com o mesmo nome, como Eleazar, filho de Aarão e sobrinho de Moisés. Sobre Matan não há informações.

"Matan foi pai de Jacó." Sobre Jacó, neto de Abraão e filho de Isaac, há muitas informações no Primeiro Testamento, mas nada sobre este Jacó avô de Jesus.

---

271. *Esdras* 3,8-10.

272. *2Reis* 23,34.

Referências

BARROS, M. *Conversando com Mateus*. São Paulo/São Leopoldo/Goiânia: Paulus/Cebi/Rede, 1999 [Outra edição: *Conversando com o Evangelho de Mateus*. Aparecida: Santuário, 2017].

Bíblia Ave-Maria, online.

BOFF, L. *São José: personificação do Pai*. Petrópolis: Vozes, 2005.

BOFF, L. *A amorosidade do Deus-Abba e Jesus de Nazaré*. Petrópolis: Vozes, 2023.

BOFF, L.; CORTELLA, M.S; FREI BETTO. *Felicidade foi-se embora?* Petrópolis: Vozes, 2015.

CARTER, W. *O Evangelho de São Mateus – Comentário sociopolítico e religioso a partir das margens*. São Paulo: Paulus, 2002.

CEBI-GO "Convém que se cumpra toda a justiça" – Evangelho de Mateus, encontros bíblicos. *A Palavra na Vida*, 133, 1999.

CNBB. *Ele está no meio de nós!: O semeador do Reino – O Evangelho segundo Mateus*. São Paulo: Loyola, 1998.

COMBLIN, J. Os pobres como sujeito da história. *Revista de Interpretação Bíblica Latino-Americana*, Petrópolis, 3, p. 38, 1989.

DANIELI, G. *Mateus*. São Paulo: Paulinas, 1983.

Evangelho, edição pastoral. São Paulo: Paulus, 1989.

GENDRON, P. *Medo e fé no Evangelho de Mateus*. São Paulo: Paulinas, 1999.

GORGULHO, G.S.; ANDERSON, A.F. *A justiça dos pobres – Mateus*. São Paulo: Paulinas, 1981.

GRINGS, D. *Mateus: o evangelista da felicidade*. Porto Alegre: EDIPUCRS, 2002.

HAHN, S.; MITCH, C. O Evangelho de São Mateus. *Cadernos de Estudo Bíblico – Ecclesiae*, Campinas, 2014.

HERMAN, H. *Chave para o Evangelho de Mateus*. Aparecida: Santuário, 1996.

HOORNAERT, E. Jesus e a fome. *Revista IHU*, online, 21/03/2023.

LANCELLOTTI, Â. *Comentário ao Evangelho de São Mateus*. Petrópolis: Vozes, 1980.

LOPES, E.H. (org.). *Trabalho e desemprego – Caminhando com Mateus*. São Leopoldo/São Paulo: Cebi/Paulus, 1998 [Círculos bíblicos].

MATEOS, J.; CAMACHO, F. *O Evangelho de Mateus – Leitura comentada*. São Paulo: Paulinas, 1993.

MESTERS, C.; LOPES, M.; OROFINO, F. *Travessia – Quero misericórdia, e não sacrifício*. São Leopoldo: Contexto, 1999 [Círculos Bíblicos sobre o Evangelho de Mateus; Cebi, 135/136].

MOSCONI, L. *Evangelho segundo Mateus – Pistas para uma leitura espiritual e militante*. Belo Horizonte: Cebi, 1990 [Cebi 20/30].

O'CONNOR, J.M. *Milagres em Mateus*. São Paulo: Paulinas, 1972.

ODORÍSSIO, M. *O Evangelho de Mateus: texto e comentário – Leitura facilitada*. São Paulo: Ave-Maria, 1998.

OLIVEIRA, I.B. *Caminhar para o Reino com as bem-aventuranças*. São Paulo: Paulinas, 2005.

OVERMAN, J.A. *O Evangelho de Mateus e o Judaísmo formativo*. São Paulo: Loyola, 1997.

OVERMAN, J.A. *Igreja e comunidade em crise – O Evangelho segundo Mateus*. São Paulo: Paulinas, 1999.

PAGOLA, J.A. *Jesus – Aproximação histórica*. 6. ed. Petrópolis: Vozes, 2013.

PIKAZA, J. *A teologia de Mateus*. São Paulo: Paulinas, 1978.

PRADO, J.L.G. *O Evangelho do Reino de Deus – Tradução popular do Evangelho de São Mateus*. Petrópolis: Vozes, 1976.

RICHARD, P. Evangelho de Mateus: uma visão global e libertadora. Revista *Ribla*, São Paulo, 27, pp. 7-28, 1998.

STANLEY, D.M. *Evangelho de Mateus*. São Paulo: Paulinas, 1975.

STORNIOLO, I. *Como ler o Evangelho de Mateus*. São Paulo: Paulus, 1991.

VASCONCELLOS, P.L.; DA SILVA, R.R. *Feliz quem tem fome e sede de justiça – A Boa Notícia segundo a comunidade de Mateus*. São Leopoldo: Cebi/Contexto, 1999 [Cebi 134].

VIEIRA, G.D. *Ide e fazei discípulos meus todos os povos – Teologia de Mateus*. São Paulo: Paulinas, 2010.

Obras do autor
(Livraria virtual: freibetto.org)

1 – *Cartas da prisão* – *1969-1973*, Rio de Janeiro, Agir, 2008 [Essas cartas foram publicadas anteriormente em duas obras: *Cartas da prisão* e *Das catacumbas*. Rio de Janeiro: Civilização Brasileira. Nova edição: São Paulo: Companhia das Letras, 2017].

2 – *Das catacumbas*. Rio de Janeiro: Civilização Brasileira, 1976 [3. ed., 1985]. – Obra esgotada.

3 – *Oração na ação*. Rio de Janeiro: Civilização Brasileira, 1977 [3. ed., 1979). – Obra esgotada.

4 – *Natal, a ameaça de um menino pobre*. Petrópolis: Vozes, 1978. – Obra esgotada.

5 – *A semente e o fruto, Igreja e comunidade*. 3. ed. Petrópolis: Vozes, 1981. – Obra esgotada.

6 – *Diário de Puebla*. Rio de Janeiro: Civilização Brasileira, 1979 [2. ed., 1979). – Obra esgotada.

7 – *A vida suspeita do subversivo Raul Parelo* [contos]. Rio de Janeiro: Civilização Brasileira, 1979 [esgotada]. Reeditada sob o título de *O aquário negro*. Rio de Janeiro: Difel, 1986. Nova edição do Círculo do Livro, 1990. Em 2009, foi lançada pela Agir nova edição revista e ampliada. Rio de Janeiro. – Obra esgotada.

8 – *Puebla para o povo*. Petrópolis: Vozes, 1979 [4. ed., 1981]. – Obra esgotada.

9 – *Nicarágua livre, o primeiro passo*. Rio de Janeiro: Civilização Brasileira,1980. Dez mil exemplares editados em Jornalivro, São Bernardo do Campo: ABCD-Sociedade Cultural, 1981. – Obra esgotada.

10 – *O que é Comunidade Eclesial de Base*. 5. ed. São Paulo: Brasiliense, 1985. Co-edição Abril (São Paulo, 1985) para bancas de revistas e jornais. – Obra esgotada.

11 – *O fermento na massa*. Petrópolis: Vozes, 1981. – Obra esgotada.

12 – *CEBs, rumo à nova sociedade*. 2. ed. São Paulo: Paulinas, 1983. – Obra esgotada.

13 – *Fogãozinho, culinária em histórias infantis* [com receitas de Maria Stella Libanio Christo]. Rio de Janeiro: Nova Fronteira, 1984 [3. ed., 1985]. Nova edição da Mercuryo Jovem, São Paulo, 2002 [7. ed.].

14 – *Fidel e a religião, conversas com Frei Betto*. São Paulo: Brasiliense, 1985 [23. ed., 1987). Edição do Círculo do Livro, São Paulo, 1989 [esgotada]. 3. ed., ampliada e ilustrada com fotos. São Paulo: Companhia das Letras / Fontanar, 2016.

15 – *Batismo de sangue – Os dominicanos e a morte de Carlos Marighella*. Rio de Janeiro: Civilização Brasileira, 1982 [7. ed., 1985]. Reeditado pela Bertrand do Brasil (Rio de Janeiro, 1987) [10. ed., 1991]. São Paulo: Círculo do Livro, São Paulo, 1982. Em 2000 foi lançada a 11. ed. revista e ampliada (*Batismo de Sangue – A luta clandestina contra a ditadura militar – Dossiês Carlos Marighella & Frei Tito*) pela Casa Amarela, São Paulo. Em 2006, foi lançada a 14. ed., revista e ampliada, Rocco.

16 – *OSPB, Introdução à política brasileira*. São Paulo: Ática, 1985 [18. ed., 1993]. – Obra esgotada.

17 – *O dia de Angelo* [romance]. São Paulo: Brasiliense, 1987 [3. ed., 1987]. São Paulo: Círculo do Livro, 1990. – Obra esgotada.

18 – *Cristianismo & marxismo*. 3. ed. Petrópolis: Vozes, 1988. – Obra esgotada.

19 – *A proposta de Jesus – Catecismo Popular, vol. I*. São Paulo: Ática, 1989 [3. ed., 1991]. – Obra esgotada

20 – *A comunidade de fé – Catecismo Popular, vol. II*. São Paulo: Ática, 1989 [3. ed., 1991]. – Obra esgotada.

21 – *Militantes do reino – Catecismo Popular, vol. III*. São Paulo: Ática,1990 [3. ed., 1991]. – Obra esgotada.

22 – *Viver em comunhão de amor – Catecismo Popular, vol. IV*. São Paulo: Ática, 1990 [3. ed., 1991]. – Obra esgotada.

23 – *Frei Tito de Alencar Lima*. São Paulo: CPDDH/Centro Ecumênico de Publicações e Estudos, 1991.

24 – *Espiritualidade dominicana: seguir Jesus nos passos de Domingos – Subsídios para a formação dominicana*. São Paulo: Escola Dominicana de Teologia, 1981.

25 – *Novena de São Domingos: subsídios para a formação dominicana – Escrito na prisão de Presidente Venceslau*. São Paulo: Escola Dominicana de Teologia, 1972.

26 – *Catecismo popular* [versão condensada]. São Paulo: Ática, 1992 [2. ed., 1994]. – Obra esgotada.

27 – *Lula – Biografia política de um operário*. São Paulo: Estação Liberdade, 1989 [8. ed., 1989]. • *Lula – Um operário na Presidência*. São Paulo: Casa Amarela, 2003 – Edição revista e atualizada.

28 – *A menina e o elefante* [infantojuvenil]. São Paulo: FTD, 1990 [6. ed., 1992]. Em 2003, foi lançada nova edição revista pela Editora Mercuryo Jovem, São Paulo [3. ed.].

29 – *Fome de pão e de beleza*. São Paulo: Siciliano, 1990. – Obra esgotada.

30 – *Uala, o amor* [infanto-juvenil]. São Paulo: FTD, 1991 [12. ed., 2009]. Nova edição, 2016.

31 – *Sinfonia universal – A cosmovisão de Teilhard de Chardin*. 5. ed. revista e ampliada. São Paulo: Ática, 1997. A 1. ed. foi editada pela Letras & Letras, São Paulo, 1992 [3. ed., 1999]. Petrópolis: Vozes, 2011.

32 – *Alucinado som de tuba* [romance]. São Paulo: Ática,1993 [20. ed., 2000].

33 – *Por que eleger Lula presidente da República* [Cartilha popular]. São Bernardo do Campo: FG, 1994. – Obra esgotada.

34 – *O paraíso perdido – Nos bastidores do socialismo*. São Paulo: Geração, 1993 [2. ed., 1993]. Na edição atualizada, ganhou o título *O paraíso perdido – Viagens ao mundo socialista*. Rio de Janeiro: Rocco, 2015.

35 – *Cotidiano & Mistério*. São Paulo: Olho d'Água, 1996 [2. ed. 2003]. – Obra esgotada.

36 – *A obra do Artista – Uma visão holística do universo*. São Paulo: Ática, 1995 [7. ed., 2008]. Rio de Janeiro: José Olympio, 2011.

37 – *Comer como um frade – Divinas receitas para quem sabe por que temos um céu na boca*. Rio de Janeiro: Francisco Alves, 1996 [2. ed., 1997]. Rio de Janeiro: José Olympio, 2003.

38 – *O vencedor* [romance]. São Paulo: Ática, 1996 [15. ed., 2000].

39 – *Entre todos os homens* [romance]. São Paulo: Ática, 1997 [8. ed., 2008]. Na edição atualizada, ganhou o título *Um homem chamado Jesus*. Rio de Janeiro: Rocco, 2009.

40 – *Talita abre a porta dos evangelhos*. São Paulo: Moderna, 1998. – Obra esgotada.

41 – *A noite em que Jesus nasceu*. Petrópolis: Vozes, 1998. – Obra esgotada.

42 – *Hotel Brasil* [romance policial]. São Paulo: Ática, 1999 [2ª ed., 1999]. Na edição atualizada, ganhou o título *Hotel Brasil – O mistério das cabeças degoladas*. Rio de Janeiro: Rocco, 2010.

43 – *A mula de Balaão*. São Paulo: Salesiana, 2001.

44 – *Os dois irmãos*. São Paulo: Salesiana, 2001.

45 – A *mulher samaritana*. São Paulo: Salesiana, 2001.

46 – *Alfabetto – Autobiografia escolar*. 4. ed. São Paulo: Ática, 2002.

47 – *Gosto de uva – Textos selecionados*. Rio de Janeiro: Garamond, 2003.

48 – *Típicos tipos – Coletânea de perfis literários*. São Paulo: A Girafa, 2004. – Nova edição, revista e atualizada, 2022.

49 – *Saborosa viagem pelo Brasil – Limonada e sua turma em histórias e receitas a bordo do fogãozinho* [com receitas de Maria Stella Libanio Christo]. 2. ed. São Paulo: Mercuryo Jovem, 2004.

50 – *Treze contos diabólicos e um angélico*. São Paulo: Planeta do Brasil, 2005.

51 – *A mosca azul – Reflexão sobre o poder*. Rio de Janeiro: Rocco, 2006.

52 – *Calendário do poder*. Rio de Janeiro: Rocco, 2007.

53 – *A arte de semear estrelas*. Rio de Janeiro: Rocco, 2007.

54 – *Diário de Fernando – Nos cárceres da ditadura militar brasileira*. Rio de Janeiro: Rocco, 2009.

55 – *Maricota e o mundo das letras*. São Paulo: Mercuryo Novo Tempo, 2009.
56 – *Minas do ouro*. Rio de Janeiro: Rocco, 2011.
57 – *Aldeia do silêncio*. Rio de Janeiro: Rocco, 2013.
58 – *O que a vida me ensinou*. São Paulo: Saraiva, 2013. Nova edição. São paulo: Almedina, 2024.
59 – *Fome de Deus – Fé e espiritualidade no mundo atual*. São Paulo: Paralela, 2013.
60 – *Reinventar a vida*. Petrópolis: Vozes, 2014.
61 – *Começo, meio e fim*. Rio de Janeiro: Rocco, 2014.
62 – *Oito vias para ser feliz*. São Paulo: Planeta, 2014.
63 – *Um Deus muito humano – Um novo olhar sobre Jesus*. São Paulo: Fontanar, 2015.
64 – *Ofício de escrever*. Rio de Janeiro: Rocco, 2017.
65 – *Parábolas de Jesus – Ética e valores universais*. Petrópolis: Vozes, 2017.
66 – *Por uma educação crítica e participativa*. Rio de Janeiro: Rocco, 2018.
67 – *Sexo, orientação sexual e "ideologia de gênero"*. Rio de Janeiro: Grupo Emaús, 2018 [Coleção Saber].
68 – *Fé e afeto – Espiritualidade em tempos de crise*. Petrópolis: Vozes, 2019.
69 – *Minha avó e seus mistérios*. Rio de Janeiro: Rocco, 2019.
70 – *O marxismo ainda é útil?* São Paulo: Cortez, 2019.
71 – *O Diabo na corte – Leitura crítica do Brasil atual*. São Paulo: Cortez, 2020.
72 – *Diário de Quarentena – 90 dias em fragmentos evocativos*. Rio de Janeiro, Rocco, 2020.
73 – *Espiritualidade, amor e êxtase*. Petrópolis: Vozes, 2021.
74 – *Tom vermelho do verde*. Rio de Janeiro: Rocco, 2022.
75 – *O estranho dia de Zacarias*. São Paulo: Cortez, 2022.
76 – *Jesus militante – Evangelho e projeto político do Reino de Deus*. Petrópolis: Vozes, 2022.
77 – *Os anjos de Juliana*. São Paulo: Mercuryo Jovem, 2023.

Obras sobre Frei Betto

Frei Betto: biografia [Prefácio de Fidel Castro] [Américo Freire e Evanize Sydow]. Rio de Janeiro: Civilização Brasileira, 2016.

Sobre Frei Betto: una biografía [Prólogo de Fidel Castro] [Américo Freire y Evanize Sydow]. Havana: José Martí, 2017.

Sueño y razón en Frei Betto – Entrevista al fraile dominico, escritor y teólogo brasileño [Alicia Elizundia Ramírez e Pablo de la Torriente]. Cuba: La Habana, 2018 [Equador: Abya-Yala, 2018].

Frei Betto e o socialismo pós-ateísta [Fábio Régio Bento]. Porto Alegre: Nomos, 2018.

Frei Betto – The Political-Pastoral Work of a Dominican Friar in Brazil and Beyond [Américo Freire e Evanize Sydow]. Brighton/Chicago/Toronto: Sussex Academic Press, 2020.

Jesus na ótica da literatura – Análise teológico-literária do romance Um homem chamado Jesus, *de Frei Betto* [André Jorge Catalan Casagrande]. São Paulo: Reflexão, 2011.

Conecte-se conosco:

f facebook.com/editoravozes

◉ @editoravozes

𝕏 @editora_vozes

▶ youtube.com/editoravozes

☎ +55 24 2233-9033

www.vozes.com.br

Conheça nossas lojas:

www.livrariavozes.com.br

Belo Horizonte – Brasília – Campinas – Cuiabá – Curitiba
Fortaleza – Juiz de Fora – Petrópolis – Recife – São Paulo

EDITORA VOZES LTDA.
Rua Frei Luís, 100 – Centro – Cep 25689-900 – Petrópolis, RJ
Tel.: (24) 2233-9000 – E-mail: vendas@vozes.com.br